Wiewörter beschreiben, wie Lebewesen, Dinge, Gefühle oder Gedanken sind: der kleine Hund die verrückte Idee das alte Haus
Fürwörter können Namenwörter ersetzen: der Hund – er die Idee – sie das Haus – es die Aufgaben – sie
Fürwörter; Einzahl: ich, du, er/sie/es Fürwörter; Mehrzahl: wir, ihr, sie
Tunwörter geben an, was Lebewesen oder Dinge tun: Der Vogel singt. Die Tür klemmt.
Begleiter richten sich nach dem Namenwort. Bestimmte Begleiter: der, die, das Unbestimmte Begleiter: ein, eine
Namenwörter können Begleiter haben.
nwörter rden chrieben.
Namenwörter stehen in der Einzahl oder Mehrzahl.
Mit den Nachsilben -ung, -heit, -keit und -nis kannst du Namenwörter bilden.
W0274994

Inhalt

Du und ich

Puppentheater
am 23. Mai
um 14 Uhr
in der Aula
Eintrittskarte
Ich bin Tom.
Lieblingsessen: Spagetti
Hobby: Fußball
Ich heiße Helene.
Ich esse gern Pizza.
Meine Hobbys sind:
Rad fahren, zeichnen
und schwimmen

Ich und du

stundenplan

Stunde	Mo	Di	Mi	Do	Fr
1	Ma	Sport	D	Ma	D
2	D	Sport	Ma	Ma	Werken
3	D	Mu	H	D	Ma
4	Ku	D	D	Schw.	Mu
5	Ku	Engl.	We	Schw.	
6					

In der dritten Klasse

1. In der dritten Klasse ist vieles neu. Was hat sich für euch verändert? Worauf freut ihr euch? Was macht euch Angst?

Bisher unterrichtete Frau Zander Musik in der Klasse 3a. Nun gibt Herr Janus Musikunterricht. Alle sitzen gespannt auf ihren Plätzen. Da geht die Tür auf. Herr Janus kommt in die Klasse. Er trägt eine Kiste mit Instrumenten. Unter seinem Arm klemmt eine Gitarre. Die Kinder hoffen, dass sie die Instrumente ausprobieren dürfen.

2. Schreibe den Text ab.
3. Welche Namenwörter stehen in der Einzahl, welche in der Mehrzahl? Trage sie mit Begleiter in eine Tabelle ein und ergänze das Fehlende.
4. Schreibe die Tunwörter in der er/sie/es-Form und in der Grundform nebeneinander:
   sie unterrichtete – unterrichten, …

hoffen – hoffentlich   Glück   schwimmen   schwierig

Zu Hause

Tom schreibt in sein Tagebuch:

1. Lies den Text. Wie kannst du ihn verbessern?
2. Setze für die markierten Namen „er“ oder „sie“ ein.

Für **Namenwörter** (Nomen) kannst du **Fürwörter** (Pronomen) einsetzen: **ich, du, er, sie, es, wir, ihr, sie.**
Fürwörter richten sich nach dem **Begleiter** (Artikel) des Namenworts: der Mann – er, die Frau – sie, das Kind – es, die Kinder – sie.

Marie kommt begeistert nach Hause:
„Er hatte heute zum ersten Mal bei uns Unterricht. Wir durften sie ausprobieren. Sie hatte eine Trommel, er Klanghölzer. Er hat nicht gemeckert, obwohl es ein bisschen laut wurde. Danach spielte er uns auf seiner Gitarre Melodien vor. Sie hat fast nur mit uns gesungen.“

Maries Eltern verstehen kein Wort.

3. Was meint Marie? Schreibe es so auf, dass ihre Eltern es verstehen. Ersetze die markierten Fürwörter durch diese Namenwörter: Herr Janus, die Instrumente, Tina, Tom, Herr Janus, Frau Zander.

Spaß – Späße   schimpfen   Unterricht   bisschen

Die Neue

1. Kannst du dir vorstellen, wie die neue Schülerin sich fühlt?
2. Was könntet ihr tun, damit sich ein neues Kind in eurer Klasse wohl fühlt? Sprecht in der Gruppe darüber.
3. Spielt vor, wie ihr ein neues Kind bei euch aufnehmt.
4. Schreibe die Sätze in den Sprechblasen nach Satzarten (Aussagesatz, Fragesatz, Ausrufesatz) geordnet auf. Schreibe dazu, was du selbst sagen würdest.

Kyra

Die Kinder sind sehr neugierig.
Sie wollen wissen,
wie die neue Schülerin heißt,
wo sie wohnt,
warum sie in eine neue Schule kommt,
wann sie Geburtstag hat,
wie man in Griechenland grüßt.

1. Schreibe auf, was die Kinder das Mädchen fragen.
2. Markiere die Fragewörter und das Fragezeichen.
3. Welche Fragewörter kennst du noch?

Die neue Schülerin heißt Kyra. Sie wohnt direkt neben Isa.
Auf dem Nachhauseweg will Isa wissen,
ob Kyra schon andere Kinder in der Schule kennt,
ob sie gern liest,
ob sie auch Tennis spielt,
ob ihr die neue Lehrerin gefällt,
ob sie am Nachmittag zusammen ins Kino gehen,
ob Kyra sie morgen früh abholt.

4. Schreibe auf, was Isa Kyra fragt: *Kennst du …?*
5. Unterstreiche das Tunwort am Satzanfang.

Bei einem Fragesatz ohne Fragewort steht das Tunwort (Verb) am Satzanfang.

6. Was würdest du eine neue Schülerin oder einen neuen Schüler fragen? Schreibe es auf.

Geburtstag grüßen wissen Lehrer – Lehrerin

Bei Kyra zu Hause

Kyras Mutter fragt: „Wie gefällt es dir in der neuen Klasse?“
Kyra überlegt und antwortet:
„Die Jungen ärgern mich immer.“
„Soll ich mit deiner Lehrerin reden?“, will ihre Mutter wissen.
„Nein, das muss ich selbst schaffen. Aber wie?“
Da schlägt die Mutter vor: „Sag doch einfach: Lasst mich bitte in Ruhe!“
Kyra fällt auch etwas ein: „Ich könnte auch sagen: Geht weg! Verschwindet! Das sagen die anderen Mädchen auch.“

1. Kennst du so etwas auch? – Jemand ärgert dich und du weißt nicht, was du tun kannst. Sprecht in der Klasse darüber.

2. Im Text findest du einige Ideen, wie Kyra die Jungen auffordern kann zu gehen. Schreibe die Sätze auf.

3. Überlege, wie sich der Aufforderungssatz der Mutter von Kyras Sätzen unterscheidet.

Wenn du jemanden auffordern willst, etwas zu tun, benutzt du einen **Aufforderungssatz.** Am Satzende steht in der Regel ein Ausrufezeichen.

4. Überlege, was diese Personen sagen. Schreibe auf.

ärgern Ruhe lassen schaffen

Gesprächsregeln

„Jetzt lasst mich doch endlich ausreden!“, schimpft Kyra heute schon zum dritten Mal.
„Es stört mich, wenn ihr mich immer unterbrecht. Soll ich mir ein Plakat um den Hals hängen, damit ihr euch das merken könnt?“
Da sieht sie, dass die Lehrerin neben ihr steht.
„Das mit dem Plakat ist gar keine so schlechte Idee, Kyra.
Ich habe auch das Gefühl, dass einige von euch unsere Gesprächsregeln vom letzten Schuljahr schon vergessen haben.“

1. Überlegt gemeinsam, welche Gesprächsregeln ihr aus der zweiten Klasse kennt. Macht euch Notizen.

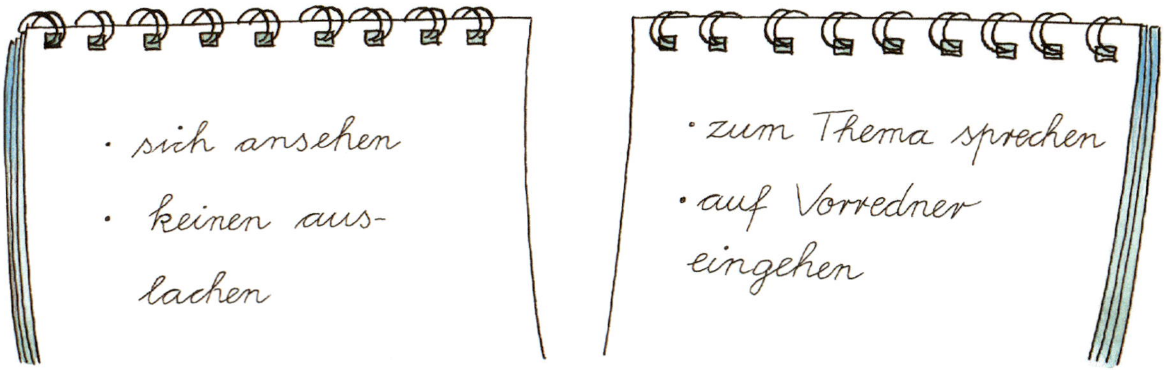

2. Lies die Notizen der Klasse 3a. Schreibe zu jedem Punkt einen Aufforderungssatz.
3. Wenn du dir ein Schild umhängen würdest, was würdest du dort aufschreiben? Formuliere deine Forderung als Aufforderungssatz.
4. Gestaltet gemeinsam ein Plakat mit den Gesprächsregeln, die ihr erarbeitet habt.

hängen   vergessen   letzte – letzter

Sich streiten und vertragen

Anna ist sauer. Johannes will immer alles wissen. In der Pause ist er hinter ihr hergerannt. Dabei hat er sie festgehalten, so dass sie hingefallen ist. Nun streiten die beiden.
Anna keift: „Wenn es dich so brennend interessiert, mit wem ich mich heute Nachmittag treffe, dann musst du eben ins Schwimmbad kommen. Aber du kannst ja gar nicht schwimmen!"
Johannes schimpft: „Das stimmt überhaupt nicht. Du hältst dich bloß immer für besser. Du bissige Brillenschlange."
„Deine Dummheit sollte man messen lassen!", spottet Anna.
„Du bist selber eine dumme Nuss!", schreit Johannes.
Inzwischen hören schon einige Kinder dem Streit zu …

1. Habt ihr so etwas auch schon erlebt? Wie habt ihr den Streit gelöst?
2. Schreibe die Wörter mit doppeltem Mitlaut auf.
3. Markiere den Selbstlaut vor der Mitlautverdopplung farbig. Was fällt dir auf?

Auf einen kurzen Selbstlaut (Vokal) folgen immer mindestens zwei Mitlaute (Konsonanten). Hörst du nur einen Mitlaut, musst du diesen verdoppeln.

4. Suche noch mehr Wörter mit doppeltem Mitlaut in der Wörterliste und schreibe sie auf.
5. Überprüfe, ob auch bei diesen Wörtern der Selbstlaut vor der Mitlautverdopplung kurz ist. Markiere ihn farbig.

brennen streiten – Streit stimmen messen Dummheit
Nuss besser dumm

Streit vermeiden

Zwei Mädchen aus der vierten Klasse haben
Spaß daran, Igor einen Schreck einzujagen.
Neulich schubsten sie ihn.
Sie lachten und hielten ihn fest.
Da bekam Igor Angst und schrie.
Zum Glück hörte Jonas ihn.

❶ Was könnte Jonas getan haben?

Auch Gefühle und Gedanken werden durch Namenwörter (Nomen) benannt. Diese haben Begleiter (Artikel) und du schreibst sie groß: der Streit, die Idee, das Glück.
Solche Wörter heißen **abstrakte Namenwörter.**

❷ Schreibe die Namenwörter, die Gefühle benennen, mit Begleiter auf.

❸ Übe den Text als Diktat.

Anna muss zu Hause abwaschen. Ihre Mutter stellt Teller und Tassen in die Küche. Dann bringt sie die Messer, Gabeln und Löffel. „So viel Wasser für das bisschen Geschirr!", sagt sie. „Vergiss auch nicht, dem Hund zu fressen zu geben!" „Hoffentlich fällt ihr nicht noch etwas ein!", knurrt Anna. Da hört sie ihre Mutter rufen: „Schaffe bitte noch den Müll weg!"

❹ Schreibe alle Wörter mit doppeltem Mitlaut auf.

Doppelte Mitlaute zwischen zwei Selbstlauten werden getrennt: las-sen.

❺ Trenne die Wörter mit doppeltem Mitlaut nach Silben.

Angst Schreck Teller Tassen Messer Löffel
fressen Müll

Gemeinsam etwas tun

❶ Welche Ideen hast du? Erzähle.

In Gruppen überlegen sich die Kinder witzige Aufgaben.
Paula fasst zusammen, was die Gruppe „Hexenlauf“ besprochen hat:
„Ich besorge die Hexenbesen. Jonas, du bringst die Bälle mit.
Tim will Schiedsrichter sein. Dafür braucht er eine Trillerpfeife.
Kyra holt Kegel aus der Sporthalle. Diese stellt sie in einer Reihe auf.
Das Rennen macht Spaß, aber es ist gar nicht so einfach.
Wir müssen die Bälle mit den Besen um die Hindernisse fegen.
Könnt ihr an die Stoppuhren denken?
Was machen wohl die anderen Gruppen? Sie treffen sich morgen.“

❷ Erkläre den Hexenlauf.

❸ Schreibe ab, was Paula sagt.

❹ Unterstreiche die Fürwörter und schreibe sie untereinander auf.

❺ Schreibe hinter jedes Fürwort die richtige Form des Tunworts „spielen“. Schreibe so: *ich spiele, du …*

❻ Ihr könnt auch einen lustigen Sportwettkampf durchführen.

Weitere Ideen für gemeinsame Spiele findest du auf S. 24.

Gemeinsam etwas aufführen

Die Klasse 3a schreibt einen Brief an ihre Klassenlehrerin:

Liebe Frau Fischer,
es wäre schön, wenn Sie ein Theaterstück mit uns aufführen würden. Wir haben doch das „Sams" gelesen.
Vielleicht können Sie ein Kapitel mit uns einüben?
Martin und Katrin haben schon eine Szene ausgesucht, die ihnen gut gefällt. Die würden sie Ihnen gern vorlesen.
Annes Mutter hat ihre Hilfe bei den Proben angeboten.
Außerdem will sie die Kostüme nähen.

Ihre Klasse 3a

1. Kannst du erklären, warum die Fürwörter „sie", „ihre" und „ihnen" manchmal großgeschrieben werden?

Die Anredefürwörter (Anredepronomen) „Sie", „Ihr", „Ihre" und „Ihnen" werden großgeschrieben.

2. Schreibe den Brief ab.

3. Unterstreiche die Fürwörter, mit denen Frau Fischer angesprochen wird.

Martin schreibt an Annes Mutter:

Liebe Frau Melat,
ich finde es toll, dass ___ uns helfen. Was brauchen ___ für den Taucheranzug des Sams? Frau Fischer hat gesagt, dass ___ den Stoff besorgen wird. Vielen Dank! ___ Martin

4. Schreibe den Brief ab. Setze die richtigen Fürwörter ein.

Über das Sams kannst du noch mehr lesen. S. 26

Theater vielleicht nähen Stoff

Wie wir uns andere wünschen

❶ Welche Eigenschaften werden von den Kindern genannt? Schreibe die Wiewörter heraus.

❷ Wie sollte deine Freundin oder dein Freund sein? Erzähle.

Anna ist Monas beste Freundin. Beide können prima zusammen spielen und über die gleichen Dinge lachen. Sie ärgern sich gemeinsam über die Jungen und mögen die gleiche Lehrerin. Doch sie sind eifersüchtig, wenn die andere zu lange mit einer Klassenkameradin redet.

❸ Muss deine Freundin oder dein Freund die gleichen Dinge und Menschen mögen wie du? Sprecht darüber.

❹ Schreibe die drei Namenwörter mit der Endung -in mit Begleiter untereinander und bilde jeweils die Mehrzahl:
die Freundin – die Freundinnen, …

❺ Suche in der Wörterliste weitere Namenwörter mit der Endung -in. Schreibe sie auf und bilde die Mehrzahl.

Die Klassensprecherwahl

Einige Kinder der 3c haben aufgeschrieben, wie ihre Klassensprecherin oder ihr Klassensprecher sein sollte.

Die Klassensprecherin muss gut reden können, weil die Lehrer sie ja verstehen müssen.

Klassensprecher müssen beliebt sein, sonst wählt sie niemand.

Ein Klassensprecher muss gerecht sein. Er darf keinen vorziehen.

Die Klassensprecherin muss mutig sein. Sonst traut sie sich nicht, zu unserer Schulleiterin zu gehen.

1. Sprecht über die Aufgaben eines Klassensprechers.

2. Schreibe auf, welche Eigenschaften und Fähigkeiten eine Klassensprecherin oder ein Klassensprecher noch haben sollte.

Die Wahl
- Stimmzettel auszählen
- Stimmzettel austeilen
- Frage an das gewählte Kind, ob es die Wahl annimmt
- Vorschläge an der Tafel sammeln
- geheim wählen
- dem gewählten Kind gratulieren

3. Schreibe den Wahlvorgang geordnet auf:
Zuerst sammeln wir ...
Danach teilen ...

wählen Wahl niemand sammeln geheim

Nickel bekämpft die Angst

Nickel ist neun Jahre alt. Auf seinen Bruder Django kann er sich verlassen. Leider ist er nicht da, wenn Nickel in der Schule Angst bekommt. Aber Django hat ihm gute Tipps gegeben.

Frau Friedrichs teilt Rechenblätter aus. Nickel legt sein Blatt vor sich auf den Tisch. Am Anfang passt er ja noch auf, doch dann wird er unruhig. Er hört nicht mehr, was Frau Friedrichs vorn an der Tafel erzählt. Das heißt, er hört es noch, versteht es aber nicht mehr. Er hat keine Lust, an Rechnen zu denken. Lieber an Essen.

Auf seinem Rechenblatt steht eine Aufgabe mit drei mal zwei Birnen und fünf mal drei Äpfeln. Gemischtes Kompott, denkt Nickel. Vielleicht noch Schlagsahne drauf. Nickel spürt seinen Hunger. Sein Bauch wird größer und wärmer und dann fühlt es sich an, als wäre sein ganzer Körper nur noch Bauch. Je länger Nickel drei mal zwei Birnen und fünf mal drei Äpfel anschaut, umso hungriger wird er …

„Nickel, komm doch mal zur Tafel!“, sagt Frau Friedrichs.

Nickel bekommt einen Mordsschreck, weil er nicht aufgepasst hat.

Er steht auf. Sein Kopf ist wie ein aufgeblasener Wasserball und seine Knie fühlen sich so weich an, als würden sie gleich unter ihm zusammenfallen.

Nickel hat Angst. Mit Wackelpuddingknien geht er zur Tafel.

Frau Friedrichs hat die Aufgabe schon hingeschrieben, aber die Zahlen verschwimmen vor seinen Augen. Er fühlt sich überhaupt ganz und gar verschwommen. Immer ist das so, wenn man Angst hat, denkt Nickel.

Er atmet tief ein und zählt bis drei. Das hat Django gesagt, immer erst tief einatmen und dann bis drei zählen und dann etwas tun.

Der Trick hilft immer, wenn man Angst hat, hat Django gesagt.
Beim Ausatmen grunzt Nickel wie ein Schwein, das Angst hat. Anfangs vergrunzt er sich, es hört sich fast an wie ein Rülpser, aber dann kommen die Töne laut und klar.
Erst ist es einen Moment lang still, dann fangen die anderen an zu lachen und zu grölen.
„Nickel lässt die Sau raus", schreit Alexander und haut vor Begeisterung so fest auf den Tisch, dass sein Federmäppchen auf den Boden fällt.
„Nicht schon wieder, Nickel", sagt Frau Friedrichs mit bösem Gesicht.
„Hier geht's zu wie in einem Schweinestall", ruft Benjamin und versucht auch zu grunzen. Aber er kann es nicht. Jedenfalls nicht laut. Und leise ist keine Kunst.
Carola singt: „Schweine-Nickel, Nickel-Schwein." Und Vanessa sagt: „Nickel Schweinegrunzer."
…
„Ruhe!", brüllt Frau Friedrichs. Und zu Nickel sagt sie, er soll sich wieder setzen.
Nickel setzt sich auf seinen Platz.
Djangos Trick hat geklappt. Wenn Nickel Angst hat, grunzt er wie ein Schwein, das Angst hat. Oder richtiger, er grunzt, wie er glaubt, dass ein Schwein grunzt, das Angst hat. Denn in echt hat er noch nie ein Schwein grunzen hören. Höchstens im Fernsehen.
Das Schweinegrunzen hat ihm Django beigebracht, auch das Kühemuhen und das Schafeblöken. Das Miauen hat Nickel direkt von Maunze, der Katze von Frau Dobermann. Und sein Bellen stammt hauptsächlich von Cäsar aus dem rosa Giebelhaus in der Heimgartenstraße. Eigentlich kann Nickel viel besser bellen und miauen, aber über das Grunzen und Blöken lachen die anderen lauter. Und nur darauf kommt es an. Wenn man die anderen zum Lachen bringt, merken sie nicht, dass man Angst hat, hat Django gesagt. Je lauter sie lachen, umso weniger merken sie irgendetwas.

Mirjam Pressler

- Warum grunzt Nickel im Unterricht?
- Was tust du, wenn du im Unterricht nichts weißt und Angst hast?

So stachelig wie ein Kaktus

In der Schule ist große Pause. Anne steht auf dem Schulhof am Zaun. Sie hält sich an den Holzlatten fest. Anne ist wütend auf Dieter. Der hockt auf der Bank unterm Kastanienbaum. Anne kann ihn nicht sehen. Dieter ist nämlich in einem Knäuel von Kindern verschwunden. Er hat sich gestern in der Turnstunde den linken Arm gebrochen. Heute kam er mit einem dicken Gipsverband in die Schule. Nun wollen die Kinder aus seiner Klasse auf den Arm schreiben. Anne wollte das auch. Aber Dieter hat sie weggeschickt.

„Du hast so eine Krakelschrift“, hat er gesagt. „Und schmieren tust du auch.“ Anne ist traurig. Es stimmt, was der Dieter gesagt hat. Sie kann wirklich immer noch nicht gut schreiben.

„Das lernst du schon noch“, tröstet sie Frau Kerger immer. Frau Kerger ist die Klassenlehrerin. Sie meint, dass Anne sehr gut malen kann. Das stimmt auch. Darum kann Anne dem Dieter doch etwas auf den Gips malen. Ein Haus, eine Blume oder ein Eichhörnchen.

Als es klingelt, läuft Anne mit den anderen Kindern ins Klassenzimmer. Dieter hat seinen Platz neben Anne.

Er legt seinen Gipsarm auf den Tisch. Anne kann lesen, wer auf den Arm geschrieben hat. In roter, grüner, gelber und blauer Schrift. Claudia, die immer mit Dieter nach Hause geht, hat sogar ein rotes Herz draufgemalt. Wieso ist das nicht mein Gipsarm, denkt Anne. Dann dürften alle Kinder aus der Klasse draufmalen. Alle! Nur der Dieter nicht. Wenn ich so einen Gipsarm hätte, dann möchte ich auch so ein Herz draufhaben.

Anne schiebt den Ärmel von ihrem Pulli hoch und malt auf ihren Arm ein kleines blaues Herz. Neben das Herz einen Pinguin 📖. Der steht auf einer Eisscholle. Oben scheint die Sonne.
Dieter stupst sie an. „He du, Anne“, sagt Dieter. „Anne, malst du mir auch so einen kleinen Pinguin auf meinen Gipsarm?“
„Nee“, sagt Anne. „Einen Pinguin bekommst du nicht. Aber wenn du willst, mal’ ich dir einen Kaktus.“
„Einen Kaktus?“, fragt Dieter. „Warum denn das?“
„Weil der so stachelig ist. Genauso stachelig wie du.“ Anne lacht.

Ursula Fuchs

- Wie fühlt sich Anne?
- Hast du dich auch schon einmal so gefühlt?

Saugrantig

Saugrantig bin i heit,
so dass mi gar nix g’freit.
Sag’ bloß zu mir koa Wort,
sonst renn i ganz schnell fort!

Saugrantig bin i heit,
so dass mi gar nix g’freit.
Du, pass fei ja guat auf,
sonst kriagst nu oane drauf!

Saugrantig bin i heit,
so dass mi gar nix g’freit.
I drah’ mei G’sicht zur Wand -
auf oamal nimmst mei Hand.

Du wischperst mir ins Ohr:
„Bist grantig? – Des kommt vor!“
I sag: „So schlimm is’s niat, na, naa
weil … jetzt … bist du … ja … da.“

Camilla Kloos

Wie Bernd und Frieder miteinander reden

Bernd: Geh mir mal aus dem Weg!
Frieder: Warum?
Bernd: Weil du mir im Weg stehst.
Frieder: Aber du kannst doch an mir vorbeigehen.
Da ist eine Menge Platz.
Bernd: Das kann ich nicht.
Frieder: Warum?
Bernd: Weil ich geradeaus gehen will.
Frieder: Warum?
Bernd: Weil ich das will. Weil du mein Feind bist.
Frieder: Warum?
Bernd: Weil du mir im Weg stehst.
Frieder: Darum bin ich dein Feind?
Bernd: Ja. Darum.
Frieder: Und wenn ich dir aus dem Weg gehe,
bin ich dann auch noch dein Feind?
Bernd: Ja. Weil du dann ein Feigling bist.
Frieder: Was soll ich denn machen?
Bernd: Am besten, wir verkloppen uns.
Frieder: Und wenn wir uns verkloppt haben,
bin ich dann auch noch dein Feind?
Bernd: Ich weiß nicht. Kann sein.
Frieder: Dann geh ich lieber aus dem Weg und bin ein Feigling.
Bernd: Ich hab gewusst, dass du ein Feigling bist.
Von Anfang an hab ich das gewusst.
Frieder: Wenn du es schon vorher gewusst hast,
warum bist du dann nicht an mir vorbeigegangen?

Peter Härtling

Kindermutmach-Lied

Text und Melodie: Andreas Ebert

2. Wenn einer sagt: „Ich brauch‘ dich,
du, ich schaff' es nicht allein“,
dann kribbelt es in meinem Bauch,
ich fühl' mich nicht mehr klein.
Lalalala …

3. Wenn einer sagt: „Komm, geh mit mir,
zusammen sind wir was“,
dann werd' ich rot, weil ich mich freu',
dann macht das Leben Spaß.
Lalalala …

Freundschaftsspiele

Die warme Dusche

Ein Kind geht vor die Tür. Alle überlegen, was sie an diesem Kind toll finden. Das Kind wird hereingerufen und setzt sich in die Mitte des Stuhlkreises. Nun sagt ein Kind nach dem anderen der Mitschülerin oder dem Mitschüler etwas Nettes.

Vöglein, piep einmal!

Einem Kind werden die Augen verbunden, während die anderen Kinder im Kreis sitzen. Es setzt sich auf den Schoß eines Spielers und fordert ihn auf: „Vöglein, piep einmal!“ Der Spieler antwortet mit „piep“. Er kann dabei seine Stimme verstellen. Das Kind muss erraten, auf wessen Schoß es sich gesetzt hat.

Mit Worten streicheln

Jedes Kind schreibt auf einen Zettel seinen Namen. Nun werden die Zettel eingesammelt und gemischt. Jeder zieht verdeckt einen Zettel und schreibt dem Kind, das es gezogen hat, etwas Freundliches auf. Ihr könnt das ein paar Mal wiederholen.

Wer fehlt?

Ein Kind wird vor die Tür geschickt. Nun versteckt sich ein Schüler oder eine Schülerin unter einem Laken. Alle anderen Kinder tauschen die Plätze. Das Kind kommt herein und muss erraten, wer fehlt.

Ich und du

Setzt euch zu zweit nebeneinander.
Nun versucht gemeinsam, mit nur einem Stift ein Haus zu zeichnen.
Schafft ihr es auch, ohne zu sprechen?

Suche dir einen Partner oder eine Partnerin!
Nun binde dein linkes Bein mit dem rechten Bein des anderen Kindes zusammen.
Wie lange braucht ihr, um eine längere Strecke gemeinsam zurückzulegen?

Stellt euch paarweise gegenüber auf!
Nun bewegt sich ein Kind. Das andere Kind ahmt alle Bewegungen genau nach, als ob es das Spiegelbild sei.
Nun wechselt die Rollen.

Vertraue mir

Bildet Paare! Nun verbindet jeweils einem Partner die Augen.
Der andere führt seinen Partner an Hindernissen vorbei bis zu einem sicheren Ziel.

In der Turnhalle legen sich alle Kinder in Abständen auf den Boden.
Der Letzte in der Reihe steht auf und springt nacheinander über jedes liegende Kind.
Dann legt er sich wieder flach hin.
Nun darf das nächste Kind über die anderen hüpfen.

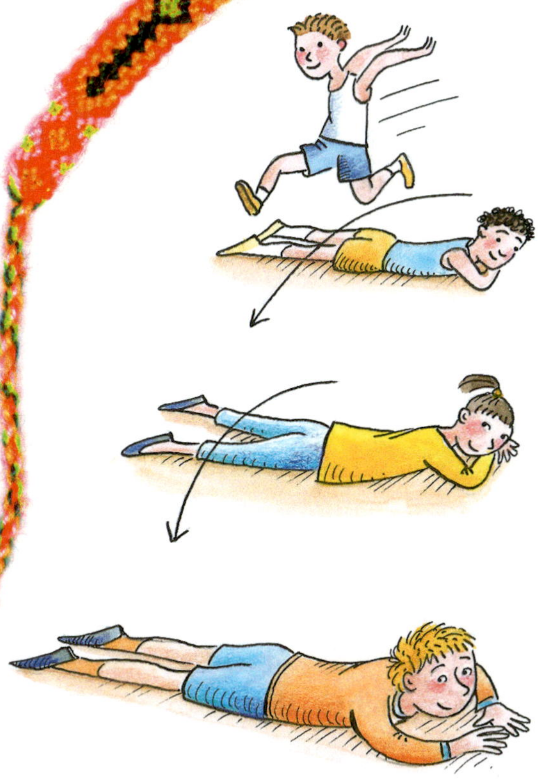

Das Sams in der Schule

Das Sams war bereits vier Tage bei Herrn Taschenbier. Am Morgen des fünften Tages wünschte sich Herr Taschenbier, das Sams solle in die Schule gehen. So musste das Sams dies auch tun …

Als Herr Groll in die Klasse kam, herrschte dort große Aufregung.

„Ruhe!“, donnerte er und schlug mit dem Buch auf die erste Bank. Schlagartig verstummten alle Schüler, rannten zu ihren Plätzen und stellten sich auf.

„Was soll der Lärm?“, fragte er barsch.

„Da ist ein Neuer“, sagte ein Schüler.

„Der sieht so komisch aus“, sagte ein anderer.

„Er hat einen Anzug wie ein Froschmann“, rief ein Dritter.

„Und das ganze Gesicht voller Tintenflecken“, fügte ein Vierter hinzu.

„Ruhe!“, schrie Herr Groll noch einmal.

„Redet doch nicht alle durcheinander!“

Streng sah er von einem Schüler zum anderen …

„Setzen!“, befahl er dann, und die Schüler setzten sich aufatmend nieder.

Jetzt wandte er sich dem Neuen zu …

Herr Groll stellte sich vor ihm auf.

„Wie heißt du?“, fragte er.

„Robinson“, sagte der neue Schüler und lachte. Es war das Sams.

„Du sollst hier nicht lachen!“, befahl Herr Groll und runzelte die Stirn.

„Warum nicht?“, fragte das Sams.

„Weil man hier nicht lacht“, erklärte Herr Groll.

„Doch, man lacht hier“, stellte das Sams richtig. „Schau her!“

Und es lachte, dass sein Mund von einem Ohr zum anderen zu reichen schien. Die Kinder lachten mit, so ansteckend wirkte das.

„Ruhe!“, schrie Herr Groll wütend. „Außerdem sagt man nicht du zu mir. Das solltest du in deinem Alter längst wissen.“

„Wie denn dann?“, fragte das Sams erstaunt.

„Du sagst Sie zu mir, verstanden!“, erklärte er.

„Sie?“, fragte das Sams verblüfft. „Bist du denn eine Frau?“

„Lümmel“, schimpfte Herr Groll. „Mich als Frau zu bezeichnen, so eine Frechheit!“

„Ist eine Frau denn etwas Schlimmes?“, fragte das Sams.

„Nein, natürlich nicht“, lenkte Herr Groll ein.

„Warum schimpfst du dann?“, fragte das Sams.

„Sie!“, verbesserte Herr Groll aufgebracht.

„Sie schimpft?“, fragte das Sams und schaute sich um.

„Ich kann sie gar nicht sehen.“ „Wen?“

„Die Frau, die schimpft.“

„Wer hat denn was von einer Frau gesagt?“

„Du“, erklärte das Sams. „Sie!“, verbesserte Herr Groll erregt.

„Schon wieder sie. Das scheint aber eine freche Frau zu sein. Überall mischt sie sich ein.“

„Hör jetzt endlich auf, von deiner Frau zu faseln“, schrie Herr Groll.

„Das ist nicht meine Frau“, sagte das Sams.

„Ich bin nicht verheiratet. Ich bin viel zu jung …“

„Ruhe!“, brüllte der Lehrer dazwischen.

„Meinst du mich?“, fragte das Sams.

„Sie!“, verbesserte Herr Groll gereizt.

„Ach so, die Frau“, sagte das Sams verstehend.

Herr Groll sah verzweifelt an die Decke.

Paul Maar

- Musstest du lachen? Begründe.
- Wie kommt es zu dem Missverständnis zwischen dem Sams und Herrn Groll?
- Ihr könnt die Geschichte nachspielen oder ein Hörspiel gestalten.

Fürwörter

Jonas kommt in den Klassenraum. Jonas geht dicht an Maries Tisch vorbei. Dabei stößt Jonas gegen Maries Tisch und Maries Füller fällt herunter. Nun hat Marie Angst, dass der Füller kaputt ist. Marie schimpft. Jonas schaut sich erschreckt um. Was soll Jonas jetzt tun?

1. Schreibe den Text ab. Unterstreiche alle Namen und Namenwörter.

2. Ersetze einige Namen und Namenwörter durch Fürwörter und schreibe den Text neu auf. Markiere die Fürwörter.

Jonas hat Maries Füller heruntergeworfen. Die Lehrerin kommt in die Klasse. Sie sieht, dass es Ärger gegeben hat. Sie geht zu ihnen. Er hat ihn bereits aufgehoben. Sie sieht schon nicht mehr so wütend aus. Sie sagt: „Tut mir Leid, dass ich gleich losgebrüllt habe."

3. Der Text wird erst verständlich, wenn man einige Fürwörter durch Namenwörter oder Namen ersetzt.
   Schreibe das Fürwort und das gewählte Namenwort oder den Namen nebeneinander: *sie – die Lehrerin, ...*
4. Schreibe den Text neu.

Umlaute

Kyra ist neu in der Stadt. Ihre Mutter bekam hier einen Arbeitsplatz. Jetzt steht Kyra ängstlich an der Wand. Sie starrt auf den Schrank und sagt kein Wort. Ob die anderen merken, was in ihrem Kopf los ist? Es macht keinen Spaß, angestarrt zu werden. Endlich hört sie den erlösenden Satz: „Hallo, du kannst dich auf diesen Stuhl setzen."

5. Schreibe den Text ab und unterstreiche alle Namenwörter.

6. Schreibe die Namenwörter heraus und bilde jeweils die Mehrzahl.

7. Markiere die Selbstlaute und die Umlaute farbig.

ÜBUNGEN

Fragesätze und Aussagesätze

Was?	Wann?	Warum?	Wem?	Wie?	Wo?	Wer?

___ hältst du dich gern auf?
___ vertraust du?
___ wirst du wütend?
___ wünschst du dir von Freunden?
___ fühlst du dich, wenn man dich ärgert?
___ hat dir heute etwas Nettes gesagt?

1. Ergänze die passenden Fragewörter und schreibe die Fragen ab.

2. Du kannst die Fragen beantworten.

Berkant will wissen, ob Herr Janus auch Klavier spielt. Er fragt: ...
Kyra möchte, dass Isa ihr bei einer Aufgabe hilft. Sie fragt: ...
Isa will Kyra am Nachmittag treffen. Sie fragt: ...
Jana möchte, dass Johannes zu ihr nach Hause kommt. Sie fragt: ...
Jonas will sich wieder mit Anna vertragen. Er fragt: ...
Die Lehrerin will wissen, ob alle die Geschichte kennen. Sie fragt: ...

3. Schreibe die Fragen so auf:
   Spielen Sie ...?

4. Unterstreiche die Tunwörter farbig.

Wörter mit doppeltem Mitlaut

Bril-	Num-	Quel-	Her-	mer	le	ter
Ge-	wit-	stel-	Näs-	lung	se	le

5. Setze die Silben zusammen und schreibe die Wörter auf.

6. Markiere den kurzen Selbstlaut farbig.

Wiewörter

vergesslich	fleißig	schnell	sportlich	fröhlich	still

Tom erledigt im Wochenplan auch alle Zusatzaufgaben. Er ist ____.
Sandra vergisst häufig ihr Schreibheft. Sie ist ____.
Jonas spielt toll Fußball. Er ist ____.
Narmatha redet nur ganz wenig. Sie ist ____.
Johannes ist immer als Erster fertig. Er ist ____.
Kübra lacht viel. Sie ist ____.

1. Schreibe die Sätze ab und ergänze die passenden Wiewörter.
2. Schreibe nun so: *Tom ist ein sportlicher Junge.*
3. Schreibe auch Sätze zu den Kindern deiner Klasse.

Endung -in und -innen

Frau Müller ist seit Montag unsere neue Schulleiterin. Vorher war Herr Schmidt unser Schulleiter. Er ging an eine andere Schule. Darüber war unsere Sekretärin sehr traurig. Aber unsere Lehrerin und die Konrektorin finden die neue Schulleiterin genauso nett.

4. Schreibe alle Berufe aus dem Text untereinander auf.
5. Bilde jeweils die Mehrzahl und unterstreiche die Endungen.
6. Welche Berufe kennst du noch? Schreibe sie in der weiblichen Form auf.

ÜBUNGEN

Aufforderungssätze

Brot	Stifte	Teller	Gemüse	Zahnbürste	Buch
naschen	lesen	spitzen	holen	waschen	putzen

❶ Bilde Aufforderungssätze:
Lies das Buch!
Du kannst auch unsinnige
Aufforderungssätze formulieren.

Felix und Anna

Felix fragt seine Schwester: „Spielst du mit mir▒“
Anna schimpft: „Jetzt lass mich endlich in Ruhe▒“
Der kleine Bruder mault: „Du triefendes Sumpfhuhn, du▒
Nie hast du für mich Zeit▒“ „Danke, das reicht jetzt▒ Schleich dich▒“
Bevor Felix das Zimmer verlässt, tritt er Anna gegen das Schienbein▒
Seine Schwester schreit: „Aua▒“
Plötzlich hören sie, dass Mutter nach Hause kommt▒
Sie ruft: „Anna, Felix, streitet ihr etwa schon wieder▒“
Da antworten die beiden: „Reg dich nicht auf, Mama▒
Wir machen nur Spaß▒“

❷ Schreibe den Text mit den passenden Satzschlusszeichen auf.

Mussichwirklichhausaufgabenmachenkannichnichtlieberfußballspielenmach
mireineskizzevomfußballfeldboxmichnichtimmerschießendlichdenballinstor

❸ Überlege, wo ein Satz zu Ende ist und schreibe jeden Satz
mit dem richtigen Satzschlusszeichen auf.
Achte auf die Groß- und Kleinschreibung.

ÜBUNGEN

Nickel bekämpft die Angst S. 18

- Woran denkt Nickel, als er die Rechenaufgaben sieht?
- Warum bekommt Nickel einen Mordsschreck, als ihn Frau Friedrichs an die Tafel ruft?
- Was tut Nickel gegen die Angst?
- Was kann Nickel besser als Schweinegrunzen?
- Warum merken die anderen nicht, dass Nickel Angst hat?

1 Beantworte die Fragen schriftlich. Schreibe Sätze.
Du kannst im Text nachschauen, wenn du unsicher bist, wie man etwas schreibt.

So stachelig wie ein Kaktus S. 20

Anne ist wütend auf Dieter,
weil er sich den Arm gebrochen hat.
Anne ist wütend auf Dieter,
weil sie nicht auf seinen Gipsarm schreiben darf.

Anne kann sehr gut malen.
Anne kann sehr gut schreiben.

Claudia hat auf Dieters Gipsverband ein rotes Herz gemalt.
Claudia hat auf Dieters Gipsverband ein blaues Herz gemalt.

Anne malt auf Dieters Gipsarm ein Herz und einen Pinguin.
Anne malt auf ihren Arm ein kleines Herz und einen Pinguin.

Dieter findet Annes Pinguin toll.
Dieter findet Annes Pinguin hässlich.

Anne will auf den Gipsverband einen Pinguin zeichnen.
Anne will auf den Gipsarm einen Kaktus zeichnen.

2 Schreibe die Sätze auf, die zu der Geschichte passen.

ÜBUNGEN

Bernd und Frieder S. 22

- Warum geht Frieder zur Seite?
- Warum will Bernd mit Frieder kämpfen?
- Was könnte Frieder tun, damit beide Freunde werden?

1 Beantworte die Fragen.

Wut	Hass	Freundschaft	Gelassenheit	Freude	Gier	
Zorn	Angst	Trauer	Hoffnung	Glück	Neid	Leid

2 Welche Gefühle passen zu Bernd, welche zu Frieder? Wähle aus und begründe.

Das Sams in der Schule S. 26

In der Klasse ist es laut, weil Herr Groll noch nicht im Zimmer ist. M
Die Kinder sind laut und aufgeregt, weil der neue Schüler so seltsam ist. S

Herr Groll findet den neuen Schüler auch lustig. D
Herr Groll findet den neuen Schüler frech. A

Das Sams versteht nicht, was Herr Groll meint, wenn er auf „Sie“ statt „du“ besteht. M
Herr Groll erklärt dem Sams genau, warum es nicht „du“ sagen soll. E

Herr Groll ärgert sich über das Sams. S
Herr Groll hält das Sams für dumm. T

3 Überlege, welche Sätze stimmen. Wenn du die richtigen herausgefunden hast, ergeben die Buchstaben ein Wort.

Die Tage werden kürzer

Verspätet

Tom hat ein neues Computerspiel. Lisa möchte es kennen lernen. Gleich nach dem Mittagessen besucht sie Tom. Sie weiß: Bevor es dunkel wird, muss sie zu Hause sein. Das Spiel ist lustig und spannend. Man muss Gespenster vertreiben. Im Wohnzimmer klingelt das Telefon. Die Kinder sind viel zu beschäftigt. Sie überhören es einfach. Als Lisa endlich geht, bekommt sie einen Schreck. Draußen ist es schon dunkel. Lisa hat ganz vergessen, wie kurz die Tage jetzt sind. Sie rennt los. Zu Hause öffnet ihre Mutter die Wohnungstür. Lisa merkt sofort, dass die Eltern sich Sorgen gemacht haben. Ihr Vater blättert im Telefonbuch.

1. Hast du auch schon einmal die Zeit vergessen? Erzähle.
2. Was sagen deine Eltern, wenn du zu spät nach Hause kommst?
3. Spielt vor, was Lisa und ihre Eltern sagen.
4. Schreibe die Geschichte aus der Sicht Lisas, Toms oder der Eltern.

Was geschieht, als Hannes zu spät kommt, liest du auf S. 48.

Mittag draußen rennen bevor

Was in Texten gesagt wird, heißt **wörtliche Rede.**
Die wörtliche Rede wird von **Anführungszeichen** eingerahmt.
Der **Begleitsatz** sagt dir, **wer** spricht und **wie** jemand spricht.
Zwischen Begleitsatz und wörtlicher Rede steht ein **Doppelpunkt.**

Mutter schimpft	:	„	Du kommst aber spät!	“
Begleitsatz	**:**	**„**	**Wörtliche Rede**	**“**

5 Schreibe auf, was Mutter, Vater und Lisa sagen.
Denke beim Begleitsatz daran, wie sie es sagen!
Schreibe so: *Mutter erklärt: „Wir haben ...“*

Lisa fragt ängstlich▒ ▒Seid ihr böse auf mich?▒
Mutter antwortet▒ ▒Ich bin froh, dass dir nichts geschehen ist.▒
Vater schmunzelt▒ ▒Das Computerspiel muss ja sehr spannend sein!▒
Da schlägt Mutter vor▒ ▒Ruf beim nächsten Mal unbedingt an!▒
Vater fügt hinzu▒ ▒So wissen wir Bescheid, wo du bist.▒
Lisa ruft erleichtert▒ ▒Das nächste Mal denke ich bestimmt daran!▒

6 Schreibe den Text ab. Setze dabei Doppelpunkt und Anführungszeichen.

7 Lest den Text mit verteilten Rollen.

ängstlich geschehen

Peters Drachen

Peter läuft nach Hause. Für heute hat er genug vom Drachensteigen!

Die ersten Herbststürme sind da. Peter ruft: „Zeit zum Drachensteigen!“ Rasch holt er seinen Drachen und läuft zum Park.

Der bunte Drachen steigt in die Luft. Wie groß er ist! Dagegen ist Peter klein und leicht. Ein kräftiger Windstoß und der Drachen zieht Peter in die Höhe. Sie fliegen über den Park. Peter ist begeistert. Plötzlich lässt der Sturm nach. Schon stürzt Peter in die Tiefe. Er schreit verzweifelt: „Hilfe!“ Doch da landet er in einem großen Heuhaufen. Zum Glück ist ihm nichts passiert.

1. Lies die Geschichte. Was fällt dir auf?

Eine Geschichte besteht aus **Einleitung, Hauptteil** und **Schluss.**

Einleitung: – beantwortet kurz die W-Fragen (Wer? Wann? Wo?)
– soll neugierig machen

Hauptteil: – wichtigster Teil
– auf die richtige Reihenfolge achten
– spannendste Stelle (Höhepunkt) am Ende des Hauptteils

Schluss: – schildert kurz das Ende der Geschichte

2. Überprüfe oben die Merkmale von Einleitung, Hauptteil und Schluss.

3. Schreibe eine eigene Drachengeschichte.

Sturm   kräftig   Höhe   ziehen   plötzlich   Tiefe

Am nächsten Tag erzählt Peter:

Der Wind blies **gestern** ziemlich stark.
Ich wollte **deshalb** meinen
Drachen steigen lassen.
Ich musste ihn lange suchen.
Ich fand ihn **schließlich** auf dem Schrank.
Ich lief mit ihm zur Wiese im Park.
Der Drachen stieg **schnell** nach oben.

4 Stelle einige Sätze so um, dass die dick gedruckten Wörter am Satzanfang stehen. Schreibe die veränderte Geschichte auf.

die – *Drachenschnur* – *zerrte* – *plötzlich* – *stark* – *an* – *meinem* – *Arm*

5 Schreibe die Wörter auf einen Zettel und schneide jedes Wort aus. Stelle die Wörter so um, dass verschiedene Sätze entstehen. Nicht alle Sätze klingen gut!

> Ein Satz setzt sich aus **Satzgliedern** zusammen. Ein Satzglied besteht aus einem Wort oder mehreren Wörtern. Die Wörter eines Satzgliedes bleiben beim Umstellen zusammen.

6 Schreibe nun alle sinnvollen Sätze auf. Denke auch an Fragesätze.

7 Welche Wörter bleiben immer zusammen? Kreise sie ein!

Auch Pippa lässt einen Drachen steigen. S. 50

erzählen   stark   schließlich

Im Wald

1. Schreibe auf, was die Kinder im Wald tun:
   Ein Mädchen umfasst den Baumstamm. Ein …
2. Unterstreiche in deinen Sätzen die Tunwörter.
   Bilde jeweils ihre Grundform: *umfasst – umfassen, …*
3. Was könntest du im Wald noch alles tun? Erzähle.

Am nächsten Tag

Mit vollen Körben kommen die Kinder am nächsten Tag in die Schule. Hier wollen sie die gesammelten Dinge verarbeiten, Texte verfassen und Bilder dazu malen. Einige Kinder versuchen, aus Eicheln und Kastanien Tiere herzustellen. Anna und Tobias mixen Milch mit den mitgebrachten Beeren. Sie verteilen die Beerenmilch an alle.

4. Schreibe die Tunwörter mit der Vorsilbe ver- aus dem Text heraus.
5. Übe den Text als Diktat.

Wald Text herstellen mixen

An einem Hang leuchten junge Laubbäume in den herrlichsten Farben. Viele bunte Blätter bedecken den feuchten Waldboden. Im hohlen Baumstamm einer Tanne entdecken die Kinder ein leeres Vogelnest.

Auf dem Waldboden findet Tobias Kiefernzapfen. Begeistert erklärt er Anna: „Das wird unsere Wetterstation! Bei Regenwetter öffnen sich die Zapfenschuppen. Sobald es trocken ist, schließen sie sich wieder.“

Anna sammelt in der Nähe Fichtenzapfen und kleine Astgabeln. Sie erinnert sich an ein Geschicklichkeitsspiel, das in einer Kinderzeitschrift beschrieben wurde: Zwei Kinder versuchen, einen Zapfen von einer Astgabel auf eine andere weiterzugeben. Ob das alle schaffen?

6 Schreibe die zusammengesetzten Namenwörter aus dem Text mit Begleiter so auf: *das Laub, die Bäume: die Laubbäume, …*

7 Wonach richtet sich der Begleiter bei zusammengesetzten Namenwörtern? Unterstreiche diesen Teil des Wortes.

Hang jung hohl Nähe Fichte Tanne leuchten

Kiefer feucht Stamm – Stämme trocken schließen

Tiere des Waldes

Hanna hat im Internet Informationen über Tiere des Waldes gesucht und Rätsel am Computer aufgeschrieben:

Meist lebt er am Rande des Waldes. Er kann schnell laufen und ändert auf der Flucht vor Feinden ständig die Richtung. Seine Ohren sind lang und werden „Löffel“ genannt. Seinen kurzen, weißen Schwanz bezeichnet man auch als „Blume“. Er schläft in einer Sasse.

Ihr Körper ist sehr klein. Sie lebt in einem hohen Haufen mit anderen zusammen. Die Gänge des Baus werden in der Erde fortgeführt. Sie ist sehr fleißig. Ihre Königin kann bis zu 15 Jahre alt werden.

Er ist ein sehr großer Waldbewohner. Das Männchen ist bis zu 2,50 m lang und 350 kg schwer. Sein kräftiges Stangengeweih zählt bis zu 22 Enden. In der Brunftzeit kann man sein lautes Röhren sehr weit hören.

1. Lies die Texte vor und ersetze die Fürwörter durch den jeweils richtigen Tiernamen.

Fuchs	Wildkaninchen	Reh	Hase	Wiesel	Ameise	Dachs	Eule

3. Schreibe jeden Tiernamen mit Begleiter und dem richtigen Fürwort auf: *der Fuchs – er, ...*

4. Verfasse ein eigenes Tierrätsel, indem du nur Fürwörter verwendest.

5. Gestaltet eure Texte am Computer und stellt ein Tierrätselbuch her.

Information Rätsel ändern fleißig Haufen

Das Mäuserätsel

Ein Fuchs und ein Dachs trafen sich im Wald. Der kleine Dachs saß auf einem hohen Stein und las in einem Lexikon einen langen Text. Flink kraxelte der Fuchs zu ihm und fragte neugierig: „He, was tust du da?“ Der kleine Dachs murmelte: „Ich suche nach den besonderen Mäusen! Die sind bestimmt sehr lecker und mit ihnen im Bauch wachse ich noch schneller!“ Verwundert meinte der Fuchs: „Welche besonderen Mäuse? Hier laufen doch genügend Mäuse herum!“
Da blickte der Dachs auf und erklärte: „Es soll Mäuse geben, die klein sind, einen langen Schwanz besitzen und nicht weglaufen!“ Der Fuchs boxte den Dachs sanft in die Seite und rief: „Warum fragst du nicht die Hexe Sechsmalklug?“ So lief der Dachs zur Hexe Sechsmalklug, die gerade in einer Büchse Kekse mit Zaubertrank mixte. Als sie die Frage des kleinen Dachses hörte, musste sie schmunzeln: „Diese Mäuse kann man nicht fressen! …“
Was glaubst du, was sie dem Dachs erzählte?

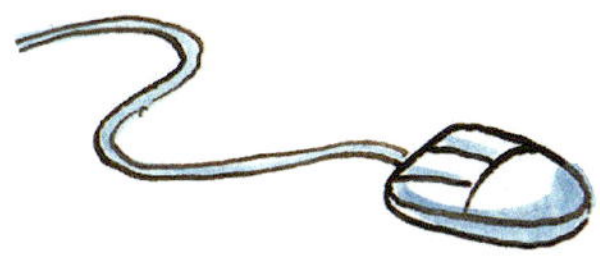

1. Lies den Text laut vor! Was fällt dir auf?
2. Lege eine Tabelle an und trage die Wörter aus dem Text ein:

Wörter mit chs	*Wörter mit x*	*Wörter mit ks*
Fuchs …	…	…

3. Sprich die Wörter in der Tabelle deutlich.
   Was fällt dir auf? Markiere die Merkstelle farbig.

Fuchs treffen wachsen bestimmt boxen

Ein Pilz als Sonnenschirm

1. Warum gießt die braune Maus den Pilz? Erkläre.
2. Schreibe auf, was die beiden Mäuse sagen.
   Denke an den Begleitsatz und die Anführungszeichen.
   Die braune Maus fragt: „…"
3. Erzähle die Geschichte von den beiden Mäusen.
   Die Wörter unter den Bildern können dir helfen.

Eine andere Pilzgeschichte findest du auf S. 52.

Träume der Waldtiere

❶ Wovon träumen die Waldtiere? Erzähle!
Schreibe auf: *Das Eichhörnchen träumt von grünen Wäldern. …*

❷ Wörter mit ä oder äu in den Tierträumen haben verwandte Wörter mit a oder au:
Schreibe so: *die Stämme – der Stamm, …*
Markiere a/ä oder au/äu bei jedem Wortpaar farbig.

Wörter mit ä oder äu haben meist ein verwandtes Wort mit a oder au.

❸ Schreibe die Namenwörter in den Traumblasen auf Kärtchen.
Ordne sie nach dem Abc. Was fällt dir auf?

Wörter mit den gleichen Anfangsbuchstaben ordnest du nach den nächsten Buchstaben.

Block	schützen	wachsen	Gefahr	Blitz	Wahl	Gott	schütteln

❹ Schreibe auch diese Wörter auf Kärtchen. Ordne sie nach dem Abc.

Laubfresser

Im Herbst erleben wir, wie die Bäume und Sträucher ihre Blätter abwerfen. Diese werden von Regenwürmern, Asseln und anderen kleinen Tieren verspeist. Aber auch Bakterien und Pilze, die du nur unter dem Mikroskop entdecken kannst, zersetzen das Laub. Was diese Laubfresser ausscheiden, nennt man Humus. Sobald die Pflanzen im Frühling zu wachsen anfangen, entziehen ihre Wurzeln dem Boden die Nährstoffe wieder.

1. Du erfährst einiges über die Laubfresser. Erzähle.
2. Nenne alle Tunwörter im Text.
   Vergleiche die Tunwörter. Was fällt dir auf?

Tunwörter (Verben) können Vorsilben haben.
Mit Vorsilben kannst du die Bedeutung von Tunwörtern verändern.
Vorsilben sind zum Beispiel: **ab-, an-, aus-, be-, ent-, er-, ver-, zer-, ...**

3. Schreibe aus dem Text alle Tunwörter heraus, die eine Vorsilbe haben: *erleben, ...*
4. Unterstreiche die Vorsilben.

ent- ver- be- aus- ab- vor- los-

ziehen fallen halten decken gehen stecken

5. Bilde mit den Vorsilben sinnvolle Tunwörter.
6. Schreibe Sätze mit diesen Tunwörtern.

Pilz entdecken Laub erleben

Bevor es Winter wird

Eichhörnchen halten Winterruhe. Sie verschlafen nur einen Teil des Winters in Baumnestern, die man „Kobel“ nennt. Im Herbst legen Eichhörnchen Vorräte für den Winter an und vergraben Nüsse, Eicheln und Bucheckern. Sie bekommen ein Winterfell. Dann wachsen ihnen auch auffällige Haarbüschel an den Ohren. Diese „Hörnchen“ gaben ihnen den Namen.

1. Schreibe den Sachtext ab.
2. Unterstreiche rot, was Eichhörnchen im Herbst tun.
3. Unterstreiche blau, was du über das Fell der Eichhörnchen erfährst.

Sachtexte enthalten Informationen zu einem Thema.
Sie beschränken sich auf wichtige Aussagen.

Siebenschläfer

Die niedlichen Siebenschläfer mit ihren Kulleraugen halten in gemütlichen Baumhöhlen, Felsspalten oder Erdlöchern einen langen Winterschlaf.

Siebenschläfer halten in Felsspalten, Baumhöhlen oder Erdlöchern Winterschlaf.

Um die lange Schlafenszeit zu überstehen, fressen sie sich im farbenfrohen Herbst eine dicke Fettschicht an.

Um den Winterschlaf zu überstehen, fressen sie sich im Herbst eine Fettschicht an.

4. Vergleiche die nebeneinander stehenden Sätze.
5. Schreibe einen Sachtext über ein anderes Waldtier.

Was Feldmäuse im Herbst und Winter tun, steht auf S. 57.

Hannes fehlt

Sie hatten einen Schulausflug gemacht. Jetzt war es Abend und sie wollten mit dem Autobus zur Stadt zurückfahren. Aber einer fehlte noch. Hannes fehlte. Der Lehrer merkte es, als er die Kinder zählte.
„Weiß einer etwas von Hannes?", fragte der Lehrer.
Aber keiner wusste etwas. Sie sagten: „Der kommt noch."
Sie stiegen in den Bus und setzten sich auf ihre Plätze. „Wo habt ihr ihn zuletzt gesehen?", fragte der Lehrer. „Wen?", fragten sie. „Den Hannes? Keine Ahnung. Irgendwo. Der wird schon kommen."
Draußen war es jetzt kühl und windig, aber hier im Bus hatten sie es warm. Sie packten ihre letzten Butterbrote aus.
Der Lehrer und der Busfahrer gingen die Straße zurück. Einer im Bus fragte: „War der Hannes überhaupt dabei? Den hab' ich gar nicht gesehen."
„Ich auch nicht", sagte ein anderer.
Aber morgens, als sie hier ausstiegen, hatte der Lehrer sie gezählt, und beim Mittagessen im Gasthaus hatte er sie wieder gezählt, und dann noch einmal nach dem Geländespiel. Da war Hannes also noch bei ihnen.
„Der ist immer so still", sagte einer. „Von dem merkt man gar nichts."
„Komisch, dass er keinen Freund hat", sagte ein anderer, „ich weiß noch nicht einmal, wo er wohnt."
Auch die anderen wussten das nicht. „Ist doch egal", sagten sie.
Der Lehrer und der Busfahrer gingen jetzt den Waldweg hinauf.
Die Kinder sahen ihnen nach.
„Wenn dem Hannes jetzt etwas passiert ist?", sagte einer.

„Was soll dem passiert sein?“, rief ein anderer. „Meinst du, den hätte die Wildsau gefressen?“

Sie lachten. Sie fingen an, sich über die Angler am Fluss zu unterhalten, über den lustigen alten Mann auf dem Aussichtsturm und über das Geländespiel. Mitten hinein fragte einer: „Vielleicht hat er sich verlaufen? Oder er hat sich den Fuß verstaucht und kann nicht weiter. Oder er ist bei den Kletterfelsen abgestürzt?“

„Was du dir ausdenkst!“, sagten die anderen. Aber jetzt waren sie unruhig. Einige stiegen aus und liefen bis zum Waldrand und riefen nach Hannes. Unter den Bäumen war es schon ganz dunkel. Sie sahen auch die beiden Männer nicht mehr. Sie froren und gingen zum Bus zurück.

Keiner redete mehr. Sie sahen aus den Fenstern und warteten.

In der Dämmerung war der Waldrand kaum noch zu erkennen.

Dann kamen die Männer mit Hannes. Nichts war geschehen.

Hannes hatte sich einen Stock geschnitten und dabei war er hinter den anderen zurückgeblieben. Dann hatte er sich etwas verlaufen. Aber nun war er wieder da, nun saß er auf seinem Platz und kramte im Rucksack.

Plötzlich sah er auf und fragte: „Warum seht ihr mich alle so an?“

„Wir? Nur so“, sagten sie.

Und einer rief: „Du hast ganz viele Sommersprossen auf der Nase!“

Sie lachten alle, auch Hannes.

Er sagte: „Die hab’ ich doch schon immer.“

Ursula Wölfel

- Warum wurde Hannes zunächst nicht vermisst?

Pippa

Im Oktober bauen die Kinder einen Drachen. „Lass mal“, sagen sie zu Pippa. „Du kannst nicht helfen. Du bist noch zu klein.“

„Es ist schlimm, wenn man immer zu klein ist“, sagt Pippa zu ihrer Mama.

„Du wächst doch jeden Tag ein Stück“, sagt die Mama.

Doch die anderen wachsen eben auch und nie holt Pippa sie ein.

Es wird ein Vogeldrachen. Weite bunte Schwingen hat er und große blaue Augen, mit denen er Pippa anschaut. Abwechselnd halten die Kinder die Schnur und rennen damit los. Pippa läuft mit. Hoch hinauf steigt der Vogeldrachen, bis er ganz klein aussieht. Aber die richtigen Vögel fliegen noch viel höher.

Wenn die Kinder die Schnur aufspulen, muss der Drachen heruntersteigen. Dann liegt er auf dem gelben Stoppelfeld, wo vorher das Getreide gewachsen ist, und Pippa meint, dass er sie mit seinen blauen Augen traurig ansieht.

„Jetzt geht ein toller Wind!“, rufen die Kinder und sie lassen den Drachen wieder hochsteigen.

„Darf ich ihn mal halten?“, fragt Pippa. „Ich will ihn auch mal halten.“

„Lass ihn aber nicht los!“, sagen sie und drücken Pippa die Schnur in die Hand. Pippa fasst sie mit beiden Händen. Sie spürt, wie der Drachen da oben zuckt und bebt. Er will fortfliegen, denkt sie. Er ist ein Vogel und will mit den anderen Vögeln ziehen.

Und auf einmal tut ihr der Drachen so Leid, dass sie gar nicht anders kann: Sie lässt die Schnur los.

„Pippa!“, schreien die Kinder. „Jetzt ist er weg!“

„Sie hat ihn eben nicht halten können“, sagt einer der großen Jungen. „Sie ist noch zu klein.“

Das ist aber nicht wahr. Pippa hätte den Vogeldrachen gut halten können. Jetzt segelt er oben am blauen Himmel dahin. Er ist frei. Immer höher steigt er und bald wird er in der Ferne verschwinden.

Pippa schaut ihm nach, bis ihre Augen schmerzen, weil der Himmel so hell ist.

„Du brauchst nicht zu weinen“, sagen die anderen Kinder.

„So schlimm ist es auch nicht.“ Aber Pippa weint gar nicht. Sie denkt, dass der bunte Vogeldrachen jetzt sehr, sehr glücklich ist.

Gina Ruck-Pauquèt

Der Papierdrachen

Ich segle stolz in blauer Höh'
und lache auf euch nieder.
Wenn ich die Welt von oben seh',
freut mich das Dasein wieder.
Ein ganzes Jahr musst' ich daheim
in einem Winkel liegen.
Nun aber darf ich glücklich sein,
darf fliegen,
fliegen,
fliegen.

Vera Ferra-Mikura

- Lerne das Gedicht auswendig und trage es vor.

Unter dem Pilz

Eines Tages wurde eine Ameise von einem Regenguss überrascht. Wo sollte sie unterschlüpfen? Da entdeckte die Ameise auf der Wiese einen kleinen Pilz, sie rannte schnell hin und versteckte sich unter dem Hütchen. Da saß nun die Ameise im Trockenen und wartete den Regen ab. Aber es regnete immer stärker und stärker …

Kommt ein nasser Schmetterling zum Pilz gekrochen und bittet: „Ameise, liebe Ameise, mach mir doch ein Plätzchen unter dem Pilz frei! Ich bin ganz durchnässt, kann nicht mehr fliegen!“

„Wo willst du hier noch hin?“, antwortete die Ameise. „Ich hab’ selber kaum Platz.“

„Es wird schon gehen! Wenn auch in Enge, so doch in gutem Einvernehmen.“

Und die Ameise ließ den Schmetterling unter das Pilzhütchen schlüpfen. Nun regnete es aber in Strömen …

Flitzt da ein Mäuschen herbei und piept: „Lasst mich doch auch unter den Pilz! Das Wasser fließt in Bächen von meinem Fell.“

„Wohin sollen wir dich denn lassen? Hier ist kein Millimeter mehr frei.“

„So rückt doch ein bisschen zusammen!“

Das taten sie denn und das Mäuschen schlüpfte unter das Pilzdach. Der Regen aber rann und rann und wollte gar nicht aufhören …

Kommt ein Spatzenjunges angehüpft und weint: „Nass ist mein Federkleidchen, müde sind die Flügelchen! Nehmt mich auch unter den Pilz, damit ich ein wenig ausruhe und trocken werde, bis der Regen aufhört.“

„Hier ist kein Platz mehr.“

„Rückt doch enger zusammen, bitte!“

„Na schön.“

Sie rückten enger zusammen und es fand sich für den Spatz noch ein Plätzchen.

Da aber hoppelte ein Hase auf die Waldwiese und sah den Pilz.

„Versteckt mich“, schrie er. „Helft mir, der Fuchs ist hinter mir her.“

„Der Hase tut mir Leid“, sprach die Ameise. „Machen wir uns doch ein wenig dünner.“ Kaum hatten sie den Hasen unterm Pilz versteckt, kam auch schon der Fuchs angerannt.

„Habt ihr keinen Hasen hier gesehen?“, fragte er.

„Nein“, antworteten sie.

Der Fuchs kam schnüffelnd näher: „Hat er sich nicht hier versteckt?“

„Wo soll er sich denn verstecken?“

Schlug der Fuchs mit seinem schönen Schweif und verschwand.

Da hörte der Regen auf, die liebe Sonne lugte aus den Wolken.

Alle schlüpften unter dem Pilz hervor und freuten sich gar sehr.

Die Ameise wurde nachdenklich und sprach: „Wie kann das nur sein? Zuerst war es für mich allein eng unter dem Pilz und zuletzt hatten wir alle fünf Platz.“

„Kwa-cha-cha! Kwa-cha-cha!“, vernahmen sie plötzlich ein Lachen.

Sie schauten auf. Saß doch auf dem Pilzhut ein Frosch und hielt sich den Bauch vor Lachen. „Ach ihr Dummköpfe! Der Pilz ist doch …“

Er sprach nicht zu Ende und hüpfte quakend von dannen.

Da sahen sich alle den Pilz an und errieten, warum es zuerst für einen eng war und zuletzt alle fünf Platz hatten.

Habt ihr’s auch erraten?

Wladimir Sutejew

- Lest und spielt die Geschichte mit verteilten Rollen.
- Informiere dich in Sachbüchern oder im Internet, wie Pilze wachsen.

Frederick

Rund um die Wiese herum, wo Kühe und Pferde grasten, stand eine alte, alte Steinmauer.

In dieser Mauer – nahe bei Scheuer und Kornspeicher – wohnte eine Familie schwatzhafter Feldmäuse.

Aber die Bauern waren weggezogen, Scheuer und Kornspeicher standen leer. Und weil es bald Winter wurde, begannen die kleinen Feldmäuse, Körner, Nüsse, Weizen und Stroh zu sammeln.

Alle Mäuse arbeiteten Tag und Nacht. Alle – bis auf Frederick.

„Frederick, warum arbeitest du nicht?“, fragten sie.

„Ich arbeite doch“, sagte Frederick, „ich sammle Sonnenstrahlen für die kalten, dunklen Wintertage.“

Und als sie Frederick so dasitzen sahen, wie er auf die Wiese starrte, sagten sie: „Und nun, Frederick, was machst du jetzt?“

„Ich sammle Farben“, sagte er nur, „denn der Winter ist grau.“

Und einmal sah es so aus, als sei Frederick halb eingeschlafen.

„Träumst du, Frederick?“, fragten sie vorwurfsvoll.

„Aber nein“, sagte er, „ich sammle Wörter. Es gibt viele lange Wintertage – und dann wissen wir nicht mehr, worüber wir sprechen sollen.“

Als nun der Winter kam und der erste Schnee fiel, zogen sich die fünf kleinen Feldmäuse in ihr Versteck in den Steinen zurück.

In der ersten Zeit gab es noch viel zu essen, und die Mäuse erzählten sich Geschichten über singende Füchse und tanzende Katzen.
Da war die Mäusefamilie ganz glücklich! Aber nach und nach waren alle Nüsse und Beeren aufgeknabbert, das Stroh war alle, und an Körner konnten sie sich kaum noch erinnern. Es war auf einmal sehr kalt zwischen den Steinen der alten Mauer, und keiner wollte mehr sprechen.
Da fiel ihnen plötzlich ein, wie Frederick von Sonnenstrahlen, Farben und Wörtern gesprochen hatte.
„Frederick!“, riefen sie, „was machen deine Vorräte?“
„Macht die Augen zu“, sagte Frederick und kletterte auf einen großen Stein. „Jetzt schicke ich euch die Sonnenstrahlen. Fühlt ihr schon, wie warm sie sind? Warm, schön und golden?“
Und während Frederick so von der Sonne erzählte, wurde den vier kleinen Mäusen schon viel wärmer.
Ob das Fredericks Stimme gemacht hatte? Oder war es ein Zauber?
„Und was ist mit den Farben, Frederick?“, fragten sie aufgeregt.
„Macht wieder eure Augen zu“, sagte Frederick.
Und als er von blauen Kornblumen und roten Mohnblumen im gelben Kornfeld und von grünen Blättern am Beerenbusch erzählte, da sahen sie die Farben so klar und deutlich vor sich, als wären sie aufgemalt in ihren kleinen Mäuseköpfen.

„Und die Wörter, Frederick?“

Frederick räusperte sich, wartete einen Augenblick, dann sprach er wie von einer Bühne herab:

„Wer streut die Schneeflocken? Wer schmilzt das Eis?
Wer macht lautes Wetter? Wer macht es leis?
Wer bringt den Glücksklee im Juni heran?
Wer verdunkelt den Tag? Wer zündet die Mondlampe an?
Vier kleine Feldmäuse wie du und ich
wohnen im Himmel und denken an dich.
Die erste ist die Frühlingsmaus, die lässt den Regen lachen.
Als Maler hat die Sommermaus die Blumen bunt zu machen.
Die Herbstmaus schickt mit Nuss und Weizen schöne Grüße.
Pantoffeln braucht die Wintermaus für ihre kalten Füße.
Frühling, Sommer, Herbst und Winter sind vier Jahreszeiten.
Keine weniger und keine mehr. Vier verschiedene Fröhlichkeiten.“

– Als Frederick aufgehört hatte, klatschten alle und riefen:

„Frederick, du bist ja ein Dichter!“

Frederick wurde rot, verbeugte sich und sagte bescheiden:

„Ich weiß es – ihr lieben Mäusegesichter!“

Leo Lionni

- Was ist die wichtigste Aussage dieses Textes? Entscheide.
  - Wer nicht arbeitet, bekommt auch nichts zu essen.
  - Wer nicht rechtzeitig Vorräte anlegt, muss selbst sehen, wie er in der Not zurechtkommt.
  - In der Not brauchen wir nicht nur etwas zu essen, sondern auch Geschichten und Fantasie.
- Führt die Geschichte von Frederick mit Stabpuppen auf. Dazu müsst ihr einteilen, wer welche Rolle übernimmt.
- Schreibt auf, was der Erzähler, Frederick und die anderen Mäuse sagen. Ihr könnt auch zusätzliche Aussprüche erfinden.

Erzähler: Rund um die Wiese herum …
Erste Maus: Frederick, warum arbeitest du nicht?

Feldmäuse

Feldmäuse leben in Gruppen mit bis zu 20 Tieren zusammen.
Unter der Erdoberfläche legen sie weit verzweigte Gänge an, in denen sich Nest- und Vorratskammern befinden. Ins Freie führen viele Ausgänge, die durch Laufstraßen miteinander verbunden sind. Diese Laufstraßen nennt man „Wechsel“.

Da Feldmäuse keinen Winterschlaf halten, benötigen sie auch im Winter Nahrung und Wärme. Darum graben sie ihre Löcher vorwiegend in Böden, die durch abgestorbene oder dick verfilzte Gräser und andere Pflanzen geschützt sind. Auch bei Schnee müssen die Mauselöcher jederzeit frei zugänglich sein.

Im Sommer gehen Feldmäuse tagsüber auf Nahrungssuche. Im Herbst und Winter hingegen spüren sie nachts ihr Futter auf.
Feldmäuse fressen hauptsächlich die grünen Teile von Gräsern und Kräutern, aber auch Wurzeln und Rinde.
Im Sommer und Herbst bevorzugen sie Getreidekörner.

- Vergleiche den Sachtext „Feldmäuse“ mit der Geschichte „Frederick“.
- Sammle weitere Informationen über Feldmäuse aus dem Lexikon oder im Internet.
- Du weißt bestimmt einiges über Hausmäuse. Erzähle.
- Vergleiche Hausmäuse und Feldmäuse miteinander.

ÜBUNGEN

Wörtliche Rede

Tom und Lisa sitzen am Computer. Lisa **sagt:** Ich habe ein Gespenst in den Keller gescheucht! Tom **sagt:** Es muss aber ganz aus deinem Schloss verschwinden. Lisa wird unsicher. Sie **sagt:** Hoffentlich kann ich das Gespenst durch das Kellerfenster schicken. Doch dann freut sich Lisa und **sagt:** Toll! Jetzt habe ich schon drei Gespenster besiegt! Das Spiel wünsche ich mir zum Geburtstag.

1. Schreibe den Text ab.
   Ersetze bei jedem Begleitsatz „sagen“ durch ein passendes Wort.

schreien	jubeln
antworten	bemerken
jammern	warnen

2. Unterstreiche, was gesprochen wird.
   Setze die Anführungszeichen.

Im Wohnzimmer klingelt das Telefon. Lisa fragt Tom Willst du nicht abheben? Vielleicht sind das deine Eltern. Tom ist viel zu beschäftigt. Er antwortet Papa sagt immer, wenn es wichtig ist, rufen die Leute auch noch mal an. Ich muss dieses Spiel gewinnen.
Auch Lisa vergisst das Telefon gleich wieder. Sie ruft
Da musst du dich aber anstrengen! Ich bin diesmal besser.

3. Schreibe den Text ab.

4. Unterstreiche grün, was Lisa sagt, und blau, was Tom sagt.

5. Ergänze die Doppelpunkte hinter den Begleitsätzen.
   Setze die wörtliche Rede in Anführungszeichen.

ÜBUNGEN

Satzglieder

Peter beobachtet stolz den Flug des Drachens.
Am späten Nachmittag geht er nach Hause.

1. Schreibe die Sätze ab.
2. Bilde so viele Sätze wie möglich, indem du die Wörter umstellst.
3. Kreise die Satzglieder ein.

Peter	einen	der	bastelt	Schule	in	Drachen	
blauen	den	Himmel	steigt	hoch	Drachen	der	in

4. Bilde aus jeder Wörterreihe einen Satz.
5. Stelle die Wörter so um, dass andere sinnvolle Sätze entstehen.
6. Kreise die Satzglieder ein.

Texte verbessern durch Umstellen der Satzglieder

Das Fußballspiel
Die Sonne scheint **den ganzen Nachmittag.**
Jannik ist mit seinen Freunden im Park. Sie spielen zusammen Fußball. Janniks Mannschaft führt 2:1.
Die Jungen vergessen **beim Spielen** völlig die Zeit.
Jannik erkennt **plötzlich** kaum noch den Ball.
Er schaut auf die Uhr. Er stellt **erstaunt** fest:
Es ist **jetzt** schon früh dunkel.
Er muss **nun** schnell nach Hause.

7. Stelle die Satzglieder so um, dass jeweils das fett gedruckte Wort am Satzanfang steht.
8. Übe den veränderten Text als Diktat.

ÜBUNGEN

Zusammengesetzte Namenwörter

Laub, Nadel, Gummi, Apfel, Pfirsich — Baum — Krone, Rinde, Stamm, Wurzel, Haus

Regen, Herbst, Märchen, Laub, Nadel — Wald — Weg, Rand, Brand, Beere, Ameise

1. Bilde zusammengesetzte Namenwörter:
   das Laub, der Baum: der Laubbaum, …

2. Wonach richtet sich der Begleiter beim zusammengesetzten Namenwort? Unterstreiche diesen Teil des Wortes.

Wörter mit chs, x und ks

3. Setze die Buchstaben in jedem Laubblatt richtig zusammen.

4. Markiere die Merkstelle farbig.

5. Sprich die Wörter deutlich.

6. Bilde mit jedem Wort einen Satz.
   Denke dabei an verschiedene Satzarten!

ÜBUNGEN

Wörter mit ä und äu

1 Bilde die Einzahl und Mehrzahl zu den Namenwörtern:
das Haus – die Häuser, …

aufräumen	wählen	stärken	die Nähe	die Sträuße	das Gewächs
stark	nah	der Strauß	wachsen	der Raum	die Wahl

2 Finde zu jedem Wort das verwandte Wort mit a oder au
und schreibe es auf: *aufräumen – der Raum, …*
Markiere a/ä oder au/äu bei jedem Wortpaar farbig.

Käfig	Träne	Lärche	Bär	März	Käfer	Lärm

3 Diese Wörter schreibt man mit ä, obwohl sie kein verwandtes Wort mit a besitzen. Ordne die Wörter nach dem Abc und markiere ä farbig!

R__bergeschichten
Die R__ber in den W__ldern verst__cken sich hinter B__men oder unter D__cken. Dabei dürfen sie keinen L__rm machen, denn sonst verschwinden die M__nschen und Tiere. In den N__chten erschr__cken sie die G__ste in den Wirtsh__sern und rufen: „H__nde hoch! Das ist ein Überfall!“ Tr__nen laufen den __ngstlichen L__ten über die Wangen. Dann st__cken die Bösewichte die B__te in die S__cke und verschwinden.

4 Schreibe den Text ab. Setze ä oder e und äu oder eu richtig ein.

ÜBUNGEN

Ordnen nach dem Abc

verlegen	bewegen	aufwecken	entspannen	vereinen	besiegen

1. Ordne die Wörter nach dem Abc.
   Markiere in jedem Wort den 4. Buchstaben. Setze die Buchstaben zusammen. Wie heißt das Lösungswort?

2. Suche die Nachbarwörter in der Wörterliste und schreibe sie auf:

Träne	...	...	...	...
Traum	verlieren	wichtig	Strand	entgegen
...	...	...	...	...

Vorsilben

vor-	spielen	fahren	suchen
ver-	rechnen	singen	stellen

3. Bilde mit den Vorsilben vor- und ver- verschiedene Tunwörter.

herumstochern	entdecken	befinden
anknabbern	verrotten	erkennen

Wenn du im Waldboden ░░░, kannst du unterschiedliche Schichten ░░░. Ganz oben liegt das frische Laub. Darunter ░░░ sich Blätter, die teilweise ░░░ wurden. Die unterste Schicht ist bereits ░░░. Hier kannst du gar keine Blätter mehr ░░░.

4. Schreibe den Text mit den passenden Tunwörtern auf.

5. Unterstreiche die Vorsilben der Tunwörter.

ÜBUNGEN

Hannes fehlt S. 48

1. Warum weiß der Lehrer, dass Hannes noch beim Geländespiel dabei war?

2. Wie wird Hannes von den anderen Kindern behandelt?
   - gleichgültig
   - gutmütig
   - liebevoll
   - ungerecht

3. Was sagt dir die Aussage eines Mitschülers von Hannes: „Ich weiß noch nicht einmal, wo er wohnt.“ ?

4. Warum wissen die Kinder so wenig über Hannes?

5. Welche Überschrift würde auch gut zur Geschichte passen?
   - Der Klassenausflug
   - Freundschaften in der Klasse
   - Wildschweine sind gefährlich
   - Ein Außenseiter in der Klasse

❶ Überlege und beantworte die Fragen.

Pippa S. 50

1. Warum glauben die Kinder, dass Pippa nicht helfen kann?
2. Bei wem beschwert sich Pippa?
3. Wie sieht der Drachen aus?
4. Warum lässt Pippa die Drachenschnur los?
5. Was sagen die Kinder, nachdem der Drachen davongeflogen ist?
6. Warum denken die Kinder, dass Pippa weint?

❷ Beantworte die Fragen schriftlich in ganzen Sätzen.

Fantasievolles, Geheimnisvolles

Reise in einer Seifenblase

Heute regnet es. Dina ärgert sich, weil sie nicht nach draußen kann. Was soll sie nur machen? Da fällt ihr Blick plötzlich auf ein kleines Fläschchen. Seifenblasen! Schon schweben große und kleine Seifenblasen durch das Zimmer. Wie schön sie schillern! Dina geht es gleich besser. Ob die Seifenblasen auch das Grau draußen wegzaubern können? Dina öffnet das Fenster und pustet sie hinaus. Aber was ist das? Eine kleine Seifenblase wird größer und größer. Oh! Sie hat Dina eingehüllt. Die Seifenblase trägt das Mädchen aus dem Fenster und steigt höher und höher mit ihr …

1. Erzähle den Anfang der Geschichte.
   Wie kannst du erreichen, dass dir deine Zuhörer gerne zuhören?

Wichtige Wörter, die dir beim Erzählen helfen, schreibst du auf Erzählkarten.

Regentag → Dina → Langeweile → Seifenblasen → offenes Fenster →

Dina in Seifenblase → fliegt davon → ?

2. Überlegt gemeinsam, was Dina auf ihrer Reise in der Seifenblase erlebt.
3. Schreibe kurz das Wichtigste auf und erzähle die ganze Geschichte frei.
4. Sprecht über eure Vorträge.

Blick

So erzählt Tom die Geschichte weiter:
Die Seifenblase schwebte mit Dina immer weiter in die Höhe. Und dann waren Wolken neben ihr. Und dann war ein Loch in der Seifenblase. Und dann kletterte Dina aus der Seifenblase heraus und setzte sich auf eine der Wolken. Und dann konnte sie das ganze Land von oben sehen. Und dann kamen Vögel herbei. Und dann stieg Dina auf den Rücken eines Vogels. Und dann brachten die Vögel Dina zurück in ihr Zimmer.

5 Was fällt dir an Toms Erzählweise auf?

6 Schreibe die Geschichte ab und setze dabei andere Satzanfänge für „Und dann" ein. Diese Wörter können dir helfen:

auf einmal	plötzlich	da	nach einiger Zeit	danach	sofort

7 Sucht gemeinsam noch andere Satzanfänge. Gestaltet ein Plakat.

8 Versuche, die Geschichte noch lebendiger zu erzählen, indem du Wiewörter einsetzt.
Diese Wörter können dir helfen:

bunt	klein	weiß	riesig	weich

klettern setzen Land

Meeresgeschichten

1. Suche dir eine Muschel aus, zu der du eine Geschichte schreiben möchtest.

So schreibst du eine Reizwortgeschichte:
- Verwende alle Reizwörter. Die Reihenfolge wählst du selbst.
- Achte darauf, dass alle Reizwörter eine wichtige Rolle spielen.

2. Notiere dir kurz das Wichtigste.
Erzähle die Geschichte deiner Gruppe.

3. Schreibe deine Geschichte auf.
Gliedere sie dabei in Einleitung, Hauptteil und Schluss. S.38

Gewitter gefährlich

Die Traum-Muschel

Lea sitzt mit einer großen Muschel am Strand. Sie hat sie von einem Fischer bekommen, den sie im Hafen getroffen hat. Er hat sie in einem seiner Netze gefunden. Sie ist sehr stolz auf sie, denn sie ist wunderschön. Gespannt hält sie sie an ihr Ohr und lauscht mit geschlossenen Augen. Sie rauscht wie das Meer. Sie stellt sich vor, dass sie ihr Geschichten vom Meer erzählt. In ihrem Traum sieht sie sie auf dem Meeresgrund liegen. Silberne Fische schwimmen um sie herum. An der Oberfläche segelt ein Boot vorbei. Ob es der Fischer ist?

1. Lies die Geschichte laut. Was fällt dir auf?
2. Wer ist mit dem Fürwort „sie" jeweils gemeint?
3. Wo musst du „sie" durch passende Begriffe ersetzen, so dass die Geschichte verständlich wird?
4. Was könnte in Leas Traum noch passieren? Erzähle die Geschichte weiter. Stelle Erzählkarten her und verwende sie. S.66

Traum Meer Strand – Strände Boot

Opa erzählt

Markus und Lisa besuchen ihren Opa in seinem Haus am See. In der Nähe gibt es auch ein Moor. Bei Tee und Beerentorte erzählt der Großvater eine gruselige Geschichte: „Vor vielen Jahren verirrte sich ein Mann mit seinem Boot im Moor. Da erschien zwischen den Bäumen eine schöne Frau. Der Mann kletterte aus dem Boot und wollte zu ihr gehen. Doch das war gefährlich, denn überall wuchs rutschiges Moos. Er konnte sich nicht festhalten und versank in der Tiefe. Seitdem erzählt man sich viele schreckliche Geschichten über Moorgeister, Hexen und Irrlichter 📖."

1 Schreibe alle Wörter mit doppelten Selbstlauten aus dem Text auf.

2 Im Text stehen Wörter mit den Nachsilben -ig und -lich.

3 Trage sie in eine Tabelle ein.

-ig	-lich

Wörter mit den Nachsilben -ig und -lich sind Wiewörter.
Du schreibst sie klein.

Ob ein Wort am Ende mit -ig oder mit -lich geschrieben wird, hörst du, wenn du es verlängerst: fröhlich – fröhliche, selig – selige.

schaur-	traur-	lieb-	schreck-	nöt-	glück-	gift-	heim-

4 Schreibe die Wörter mit den richtigen Nachsilben auf.

5 Bilde mit jedem Wort einen Satz.
Unterstreiche die Nachsilben farbig.

Moos   See   schrecklich

Die Moorhexe

In der Mitte des Moors lebte eine Hexe. Alle, die ihr begegneten, verwandelte sie in Bäume. Eines Tages fragte ein junges Liebespaar sie nach dem Weg. „Kehr um, Bürschchen“, knurrte die Alte, „wirst deinen Weg schon finden.“ Aber da war der Unglücksrabe auch schon in eine Erle verwandelt. In Todesangst irrte das Mädchen durch das Moor. Plötzlich sah sie am Wegesrand eine Alraune. Weil diese Zauberkräfte besaß, rannte das Mädchen mit der Wurzel zurück. Es berührte den Baum damit und der Jüngling stand wieder vor ihr. Um Haaresbreite waren sie davongekommen!

1. Wie stellst du dir die Moorhexe vor? Beschreibe oder male sie.
2. Im Text findest du zusammengesetzte Namenwörter. Schreibe sie ab.
3. Einige Namenwörter sind mit einem -s oder -es verbunden. Markiere diese Verbindungen farbig.

Manche zusammengesetzte Namenwörter (Nomen) werden mit einem -s oder -es verbunden (Fugen-s).

der König	der Liebling	der Geist	der Geburtstag
der Blitz	der Tiger	das Essen	die Kerze

4. Bilde zusammengesetzte Wörter aus den Namenwörtern.

Es gibt auch Geschichten über freundliche Hexen. S. 84

Mitte zurück umkehren

Ausflug ins Moor

❶ Schreibe in wörtlicher Rede auf, was die Kinder sagen.
Benutze für den Begleitsatz möglichst viele verschiedene Tunwörter.

Wörter mit gleicher oder ähnlicher Bedeutung bilden ein **Wortfeld.**

❷ Sammle Tunwörter zum Wortfeld „sprechen". Ordne sie in eine Tabelle.

leise sprechen	normal sprechen	laut sprechen
raunen	reden	brüllen

Im Moor

Das große Ereignis rückte nur langsam näher: Eine Führung durch das Moor. Die Erwartung der Kinder war riesig. Vielleicht würden sie ein Geheimnis lüften oder eine gruselige Entdeckung machen? Endlich war es soweit. Gut ausgerüstet mit Gummistiefeln machte sich die Klasse mit ihrem Lehrer auf den Weg. Die Schwierigkeit bestand darin, nur auf festen Boden zu treten. Wer nicht aufpasste, stand schnell bis zu den Knien in einer eklig braunen Flüssigkeit. Aufmerksam lauschten sie der Erzählung des Lehrers, der von der Entstehung des Moors berichtete. Am Ende bekamen die Kinder die Erlaubnis, an einer sicheren Stelle zu spielen. Der Lehrer ermahnte sie, keine Dummheiten zu machen.

1. Im Text findest du Namenwörter mit den Nachsilben -nis, -ung, -heit und -keit. Trage sie in eine Tabelle ein und markiere die Nachsilben farbig.

Wörter mit Nachsilben -nis, -ung, -heit und -keit sind Namenwörter (Nomen). Du schreibst sie groß.
Mit Nachsilben kannst du die Wortart verändern.

heizen	erleben	fröhlich	schön	ehrlich

2. Bilde aus den Wörtern Namenwörter mit den Nachsilben -heit, -keit, -nis und -ung.

Erwartung Führung Geheimnis Erlaubnis
Erzählung Schwierigkeit Flüssigkeit

Im Spukschloss

Bei ihrem Ausflug gelangen die Freunde zu einem alten Schloss.
Neugierig gehen sie durch die offene Türe ins Innere.
Plötzlich keucht Linda: „Psst, was ist das für ein Geräusch?"
Ali lauscht. Dann sagt er: „Das ist eine Eule oder ein Käuzchen, das hört man doch!"
Sie schleichen durch das alte Gemäuer.
In der Küche hängen verräucherte Töpfe neben der Feuerstelle an der Wand. Durch den Schornstein fährt leise säuselnd der Wind.
Auf einmal läutet eine Glocke. Erschrocken fahren die Kinder zusammen.

1. Ordne alle Wörter mit eu oder äu in eine Tabelle ein.
2. Sprich die Wörter deutlich. Was fällt dir auf?
3. Suche verwandte Wörter zu den Wörtern mit äu.
4. Wie könnte die Geschichte weitergehen?

offen Feuer

Das Schloss

Das Schloss ist sehr alt.
Es steht auf einem hohen Berg.
Das Dach ist zerfallen.
Kleine Täubchen fliegen um die Türme.
Eulen brüten in dem alten Gemäuer.
Nachts sieht man oft einen hellen Schein.
Vielleicht sind das Gespenster?
Vielleicht auch nur Landstreicher?
Wer weiß das schon?
Aber alle Leute finden es
unheimlich.

5 Übe den Text als Diktat.

Gem●●er	B●●te	L●●te	h●●te morgen	T●●bchen
H●●ser	F●●er	Kr●●ter	Vogelsch●●che	B●●me

6 Schreibe die Wörter ab und setze eu oder äu ein.

7 Schreibe verwandte Wörter zu den Wörtern mit äu auf.
Schreibe so: *das Gemäuer – die Mauer, ...*

Ein Schnellsprechvers

Der Leutnant von Leuthen
befahl seinen Leuten,
nicht eher zu läuten,
bis der Leutnant von Leuthen
den Leuten das Läuten befahl.

8 Lies den Vers so schnell wie möglich.

9 Erkläre, warum in dem Vers zwei Wörter mit äu geschrieben werden.

10 Lerne den Vers auswendig.

Die Wolken-Maschine

Hast du dich auch schon einmal gefragt, wie es kommt, dass Wolken aus der Entfernung häufig aussehen wie **Tiere**? Die Antwort ist ganz einfach. Irgendwo muss es eine **riesige** Wolken-**Maschine** geben, die Wolken in den verschiedensten Formen herstellt. Wahrscheinlich besitzt sie tausende Schalter und Knöpfe, die von einem **Riesen** bedient und gedrückt werden. Er darf entscheiden, ob eine Wolke aussieht wie ein **Krokodil,** ein **Igel** oder ein **Tiger.** Du **siehst,** es gibt eigentlich für alles eine Erklärung, wenn man nur genügend **Fantasie** besitzt.

1. Welche Erklärung hast du für die verschiedenen Wolkenformen?
2. Sprich die fett gedruckten Wörter aus dem Text deutlich. Was fällt dir auf?
3. Trage die Wörter in eine Tabelle ein.

ie	i

Hörst du in einem Wort ein langes i, so schreibst du meist ie.
Von dieser Regel gibt es **Ausnahmen,** bei denen du nur i schreibst, z. B. Krokodil, Igel, Tiger und Wörter mit der Endung -ine wie Maschine.
Bei diesen Wörtern musst du dir die richtige Schreibweise merken.

4. Schreibe mit jedem Wort aus der Tabelle einen Satz.

eigentlich drücken Entfernung
häufig Maschine Schalter tausend

Wolkentiere

Raphael und Annika liegen im Gras. Große, weiße Wolken segeln über ihnen entlang.

Annika: „Guck mal, ein Schiff!“
Raphael: „Ein Segelschiff.“
Annika: „Und dahinter ist ein Paddelbootfahrer.“
Raphael: „Da fliegt eine Ziege.“
Annika: „Und dort ein Pinguin.“
Raphael: „Jetzt kommt eine Kuh!“
Annika: „Ja, eine Riesenkuh.“
Raphael: „Vielleicht eine Superriesenkuh.“

1. Welche Wörter haben mehr als eine Silbe? Schreibe sie getrennt auf.

2. Lest den Text mit verteilten Rollen.

Ein Wolkengedicht

Auf den Wolkenschiffen sind
Vater, Mutter und ein ____
Danach folgt ein Riesenhaus,
auf dem Dach hockt eine ____
Ist das nächste wohl ein Hahn
oder mehr ein Backen____
Danach kommt ein Regenwurm
oder ist's ein schiefer ____
Ganz egal, das nächste ist
klar – ein Hahn ist's auf dem ____

3. Schreibe das Gedicht mit den richtigen Satzschlusszeichen ab. Setze dabei die Reimwörter ein.

schief mehr klar

Die Seifenblase

Ein Glanz schwebt in die Weite,
ein Glashaus kugelrund.
Wer wohnt in seinem Innern?
Ein Hauch aus meinem Mund.

Dort, wo dein Haus aus Glitzern,
mit feinem Klang zerschellt,
spring, Hauch, hinaus und rufe
„Ich grüß dich, schöne Welt!"

Josef Guggenmos

So machst du Seifenblasen:

Du brauchst:
einen Schneebesen
eine Schüssel
einen Teelöffel
eine Tasse
Wasser
Spülmittel
Glyzerin
Puderzucker

Gib zuerst zwei Teelöffel Puderzucker und vier Teelöffel Spülmittel in eine Schüssel. Rühre mit dem Schneebesen so lange, bis alle Klümpchen verschwunden sind. Danach schütte eine große Tasse Wasser dazu und mische die Zutaten. Damit die Seifenblasen haltbarer werden, rühre einen Teelöffel Glyzerin in die Flüssigkeit ein. Fertig!
Aus einem Stück Draht kannst du dir ganz leicht einen Seifenblasenring biegen. Wenn du ein bisschen übst, gelingen dir sicher bald tolle Seifenblasen.

Muscheln

Zwei Muscheln lagen am Strande
und redeten hin und her
von dem, was die Muscheln so reden,
von ihrer Heimat, dem Meer,
von ihrer Heimat, dem Meer.

Sie konnten die Fische verstehen,
die Muscheln waren nicht dumm,
sie sprachen mit Seehund und Seestern,
für Menschen blieben sie stumm –
ja, für uns blieben sie stumm.

Sie sprachen von Flut und von Ebbe
und manchem gefährlichen Riff,
sie kannten auch viele Matrosen
und manches gesunkene Schiff –
ja, manches gesunkene Schiff.

Zwei Muscheln lagen am Strande
und redeten hin und her
von dem, was die Muscheln so reden
von ihrer Heimat, dem Meer –
dem großen, salzigen Meer.

Max Barthel

Verflixt – ein Nix!

Im Urlaub ist Jonathan beim Muschelsammeln ein Missgeschick passiert: Er hat seinen Eimer mit dem eines fremden Mädchens vertauscht. Zu allem Überfluss sitzt in diesem Eimer auch noch ein Nix, ein echter Seejungmann, der auf der Suche nach einem „Weib“ ist. Ganz klar, dass mit dem Nix jede Menge Unruhe, aber auch viel Spaß in Jonathans Leben kommt. Der Nix bringt die Badewanne zum Überlaufen, spricht nur in fürchterlichen Reimen, kann sich unsichtbar machen und richtet auch in Jonathans Schule so allerhand Verwirrung an. Zum Beispiel am ersten Schultag nach den großen Ferien …

„Und an der schönen Nordsee war niemand?“, fragt Frau Kägele. „Oder an der Ostsee?“

Jonathan meldet sich vorsichtig. „Oh, Jonathan“, sagt Frau Kägele. „Und? Hast du da was Besonderes erlebt?“

Jonathan denkt nach. Wenn er jetzt erzählt, dass er aus Versehen einen Nix mit nach Hause gebracht hat, sagt Frau Kägele vielleicht: „Oh, das ist aber schön! Wir wollten uns in der zweiten Klasse sowieso gerade über Nixenkunde unterhalten!“

Das könnte ja sein.

Aber eigentlich hat Jonathan eher das Gefühl, dass es nicht so sein wird. Eigentlich hat er eher das Gefühl, dass Frau Kägele genauso wenig von Nixenkunde versteht wie er. Und dann sagt sie vielleicht nur, dass Jonathan nicht schwindeln soll.

„Nööö“, sagt Jonathan und schüttelt den Kopf. „Nix Besonderes.“

Und das ist ja nicht mal gelogen, wenn man mal genau nachdenkt.

„Nein, Jonathan, in unserer Klasse sagen wir doch nein, hast du das in den Ferien wieder vergessen?“, sagt Frau Kägele. „Na, aber schön war es doch bestimmt trotzdem.“

Jonathan nickt. Dann guckt er schnell nach unten. Damit Frau Kägele nicht noch immer weiter und weiter fragt.

Und darum sieht er es dann auch. Genau in diesem Moment fliegt nämlich ein roter Stift aus seinem Ranzen. Und bevor Jonathan noch die Klappe zuschlagen kann, fliegt schon der nächste hinterher. Diesmal ist es ein blauer Stift.

„Nicht!“, flüstert Jonathan und schlägt die Ranzenklappe zu. „Bist du verrückt!“

Frau Kägele guckt zu ihm hin.

„Oder hast du doch noch was zu erzählen, Jonathan?“, sagt sie. „Dann aber bitte für uns alle, du! Das wollen wir hier gar nicht haben, dass ihr eure Geschichten nur den Nachbarn erzählt!“

Jonathan schüttelt den Kopf, aber richtig angucken kann er Frau Kägele nicht dabei. Er muss sich schließlich noch immer nach unten beugen und den Ranzen zuhalten. „Mach ich ja gar nicht“, murmelt er.

„Und wieso wühlst du die ganze Zeit in deinem Ranzen?“, fragt Frau Kägele. „Und wieso wirfst du deine Stifte auf den Boden? Na, Jonathan, du musst dich aber wirklich erst wieder an die Schule gewöhnen, glaube ich!“

„Mach ich ja gar nicht“, murmelt Jonathan wieder. Jetzt fühlt er ganz genau, wie der Nix in seiner Schultasche von innen gegen die Klappe hämmert.

Aber da schnipst zum Glück Ranjid ganz doll mit den Fingern und fragt, ob er mal aufs Klo darf, und darum guckt Frau Kägele jetzt zu Ranjid hin und von Jonathan weg.

Aber Leo starrt ihn dafür ganz komisch an. „Was hast du denn heute?“, flüstert sie. „Ist was?“

Jonathan nimmt vorsichtig die Hand von der Ranzenklappe und setzt sich wieder richtig hin. „Nee“, sagt er. „Gar nix.“

Genau in diesem Augenblick saust sein Matheheft aus dem Ranzen. Und das Hausaufgabenheft und dann auch noch der Deckel von der Brotdose.

„Wie soll der arme Nix denn hier bloß überleben?“, jammert eine Stimme tief, tief unten im Ranzen. Dann fliegt ein Käsebrot auf den Klassenboden. „Nur Käse, igitt! Kann es nicht lieber Fische geben!“

„Aufhören!“, flüstert Jonathan verzweifelt und „Jonathan!“, ruft Frau Kägele, und „Was machst du denn da?“, fragt Leo.
Jonathan springt auf und sammelt seine Sachen ein. Dann klemmt er den Ranzen ganz fest zwischen seine Füße. So kann der Nix ihn ja wohl hoffentlich nicht mehr aufkriegen.
„Wenn deine Sachen jetzt nicht im Ranzen bleiben“, sagt Frau Kägele, und ihre Stimme klingt schon fast ein bisschen böse, „dann nehme ich ihn dir weg und stelle ihn hier vorne neben das Pult. Also.“
Jonathan nickt. „Ich mach das nicht mehr“, flüstert er.
Und dann meldet sich Jasmin, die hat schon die ganze Zeit mit den Fingern geschnipst, und erzählt, dass sie in den Ferien echt gesehen hat, wie ein Mann fast ertrunken ist, und sie beschreibt, wie die Rettungsschwimmer ihn aus dem Wasser gezogen haben und immer so mit seinen Armen über der Brust über Kreuz gemacht haben, und das ist so spannend, dass alle Jonathan und sein Sachengeschmeiße vergessen.
Nur Leo nicht. Leo starrt ihn immer noch so komisch an.
„Ist dir schlecht?“, flüstert sie. „Oder was? Jonathan?“
Da schiebt Jonathan seinen Ranzen mit dem Fuß vorsichtig ein Stück zu Leo rüber.
„Da ist einer drin!“, flüstert er. „Der hat das gemacht!“
Leo zuckt zusammen. Dann beugt sie sich ganz, ganz behutsam über Jonathans Ranzen, aber mit einem Auge schielt sie dabei immer nach vorne. Damit Frau Kägele sie nicht erwischt.
Dann hebt sie lautlos die Klappe ein bisschen an und guckt hinein.
Und bevor Jonathan ihr noch erklären kann, dass man ja leider sowieso gar nichts sieht, weil sein Nix nämlich unsichtbar ist, zuckt Leo auch schon wieder zurück.
„Äääh, quallenhässlich!“, ruft die Nixenstimme im Ranzen. „Hör auf so zu glotzen neugierigen Blicks! Du plumpes Geschöpf bist nix für den Nix!“
Leo lässt die Klappe zufallen. „Du bist fies!“, sagt sie wütend. Vielleicht zittert sogar ihre Unterlippe ein bisschen. „Sonst sagst du immer, du findest so dürre Weiber schrecklich!“ Und sie rückt ihren Stuhl ein Stück zur Seite von Jonathan weg. „Bei dir will ich gar nicht sitzen!“
„Ich hab das doch gar nicht gesagt!“, flüstert Jonathan verzweifelt. „Das war doch der im Ranzen!“

„Du hast quallenhässlich gesagt!“, flüstert Leo. „Und plumpes Geschöpf! Hast du wohl!“

Aber so lange kann man in dieser Klasse natürlich nicht miteinander reden, ohne dass Frau Kägele sich einmischt.

„Langsam ist es aber wirklich gut, Jonathan“, sagt sie. In so einem Ton hat sie überhaupt noch nie mit Jonathan gesprochen. Höchstens mal mit Martin. Der ist immer so frech. „Wenn du jetzt auch noch Leonie ablenkst!“ Und mit einem Schritt ist sie bei Jonathans Tisch und greift nach seinem Ranzen. „Was ist denn da drin, um Himmels willen, was so interessant sein könnte, dass ihr überhaupt nicht mehr aufhört, euch damit zu beschäftigen?“

„Nix!“, sagt Jonathan erschrocken. Was weiß er denn, was Frau Kägele sagt, wenn sie den Nix entdeckt? Tiere darf man auch nicht mit zur Schule bringen. Nicht mal Mäuse oder Hamster oder andere ganz kleine. Und ob man Unsichtbare mitbringen darf, davon hat Frau Kägele nie etwas gesagt. Aber wo sie jetzt sowieso schon so böse auf Jonathan ist, schimpft sie bestimmt. „Nix ist da drin!“

„Nichts?“, sagt Frau Kägele und klappt den Ranzen auf. Wenn der Nix jetzt mit Sachen nach ihr schmeißt oder wieder das mit dem quallenhässlich sagt, ruft Frau Kägele heute Abend bestimmt Papa an.

Aber im Ranzen bleibt es still. Keine Stimme schimpft und keine Stimme jammert. Jonathan hält die Luft an.

„Na, das ist ja eine Unordnung!“, sagt Frau Kägele und schüttelt den Kopf. Dann nimmt sie den Ranzen mit nach vorne ans Pult. „Wirklich, Jonathan!“

Jonathan guckt auf seinen Tisch. Er hätte den Nix niemals in die Schule mitnehmen dürfen.

Kirsten Boie

Führen Sie Besen?

Was tut eine kleine Hexe, die wund gelaufene Füße hat? Sie braut eine Salbe aus Kröteneiern und Mäusedreck, rührt eine Hand voll gemahlene Fledermauszähne darunter und lässt sie am offenen Feuer gar kochen. Wenn sie die wunden Stellen mit dieser Salbe bestreicht und dabei einen Spruch aus dem Hexenbuch murmelt, heilen die Füße in wenigen Augenblicken.

„So, das hätten wir nun!“, sagte die kleine Hexe erleichtert, als Salbe und Hexenspruch ihre Wirkung getan hatten.

„Brauchst du jetzt nicht mehr zu humpeln?“, fragte Abraxas.

„Sieh selbst!“, rief die kleine Hexe und tanzte auf bloßen Füßen durchs Hexenhaus. Danach zog sie Schuhe und Strümpfe an.

„Willst du ausgehen?“, staunte der Rabe.

„Ja, du kannst mitkommen“, sagte die kleine Hexe. „Ich gehe ins Dorf.“

„Das ist weit“, sprach Abraxas. „Vergiss nicht: Du hast keinen Besen mehr, du musst laufen!“

„Das ist es ja eben! Ich möchte nicht länger zu Fuß gehen müssen. Und weil ich nicht länger zu Fuß gehen möchte, so muss ich ins Dorf gehen.“

„Willst du dich über mich lustig machen?“

„Wieso denn? Ich will, wenn du nichts dagegen hast, einen Besen kaufen.“

„Das ist etwas anderes“, sagte Abraxas, „dann komme ich selbstverständlich mit. Sonst könnte es sein, dass du wieder so lange ausbleibst!“ …

Sie kamen ins Dorf und betraten den Laden des Krämers Balduin Pfefferkorn. Herr Pfefferkorn dachte sich weiter nichts, als die kleine Hexe mit ihrem Raben zur Tür hereinkam. Er hatte noch nie eine Hexe gesehen. Deshalb hielt er sie für ein ganz gewöhnliches altes Weiblein aus einem der Nachbardörfer.

Er grüßte; sie grüßte zurück. Dann fragte Herr Pfefferkorn freundlich:

„Was darf es denn sein?“

Als Erstes kaufte die kleine Hexe ein Viertelpfund Kandiszucker. Dann hielt sie die Tüte dem Raben unter den Schnabel. „Bitte, bediene dich!“

„Danke schön!“, krächzte Abraxas.

Herr Pfefferkorn staunte nicht schlecht. „Das ist aber ein gelehriger Vogel!“, sagte er anerkennend, bevor er fortfuhr: „Was wünschen Sie außerdem?“

„Führen Sie Besen?“, fragte die kleine Hexe.

„Gewiss doch!“, sagte Herr Pfefferkorn. „Handbesen, Küchenbesen und Reisigbesen. Und auch Schrubber natürlich. Und wenn Sie vielleicht einen Staubwedel brauchen …“

„Nein danke, ich will einen Reisigbesen.“

„Mit Stiel oder ohne?“

„Mit Stiel“, verlangte die kleine Hexe. „Der Stiel ist das Wichtigste. Aber er darf nicht zu kurz sein.“

„Wie wäre dann dieser hier?“, meinte Herr Pfefferkorn diensteifrig.

„Besen mit längeren Stielen sind im Augenblick leider ausgegangen.“

„Ich glaube, er reicht mir“, sagte die kleine Hexe, „ich nehme ihn.“

„Darf ich den Besen ein wenig zusammenschnüren?“, fragte Herr Pfefferkorn. „Wenn ich ihn etwas zusammenschnüre, trägt er sich besser …“

„Sehr aufmerksam“, sagte die kleine Hexe, „aber das braucht’s nicht.“

„Ganz wie Sie wünschen.“ Herr Pfefferkorn zählte das Geld nach und brachte die kleine Hexe zur Tür.

„Habe die Ehre, auf Wiedersehen, gehorsamster …“ „Diener“, wollte er noch hinzufügen. Aber da blieb ihm die Luft weg.

Er sah, wie die Kundin den Besenstiel zwischen die Beine klemmte. Sie murmelte etwas, und huiii! flog der Besen mit ihr und dem Raben davon. Herr Pfefferkorn traute seinen Augen nicht. Gott behüte mich! dachte er. Geht das mit rechten Dingen zu – oder träume ich?

Otfried Preussler

Die Sage vom Herzpröll

Eine schaurige Geschichte rankt sich um eine Wiese, die an der Straße von Wernberg nach Pfreimd liegt. Dort ist ein größeres Stück mit saurem Gras bewachsen, das für Tiere ungenießbar ist. Dieses Stück Land hatte früher die Form eines Herzens und schwankte wie ein Sumpfboden, wenn man es betrat. Deshalb wurde es von den Leuten immer nur der Herzpröll genannt. Die Sage erzählt, dort habe einst eine Schlacht stattgefunden, in der König Wenzel von Böhmen von seinen Feinden gefangen genommen wurde. Diese töteten ihren Gefangenen und schnitten ihm das Herz heraus. Sie warfen es in den nahen Pröll, von dem die Leute behaupteten, dass er ohne Boden sei. Man sagt, in dem Augenblick, in dem das Königsherz darin verschwunden sei, habe der Pröll die Form eines Herzens angenommen. Deshalb heißt dieser Pröll bis auf den heutigen Tag Herzpröll. Alte Leute wissen auch noch, dass es dort seitdem nicht recht geheuer sein soll.

Volksgut

Der Bauer im Herzpröll

In jener Zeit, als sich noch viele sumpfige Stellen zwischen dem Weg Pfreimd-Wernberg und der Naab ausbreiteten, muss der Herzpröll eine sehr gefürchtete Stelle gewesen sein. Eine Sage erzählt, dass sich einmal ein Bauer aus Neunaigen auf dem Weg zur Mühle in Pfreimd verspätet hatte und erst bei Nacht die Heimfahrt antrat. Da es bereits November war, nahm ihm dichter Nebel jegliche Sicht. Als er im Wenzel war, einem ausgedehnten Waldstück in der Nähe des Herzprölls, traute er sich nicht mehr weiter. In seiner Not rief er dienstbare Geister zu Hilfe: die Feuermännchen. Er versprach demjenigen einen großen Laib Brot als Lohn, das ihn gut nach Hause brächte. Augenblicklich saß ein Feuermännchen neben ihm auf dem Kutschbock und lenkte das Fuhrwerk sicher zum Hof des Bauern. Dort brachte der Bauer seinen Wagen in die Scheune und die Pferde in den Stall. Dann ging er ins Haus und sperrte die Haustüre ab. Das hilfsbereite Feuermännchen jedoch ließ er draußen stehen, ohne ihm den versprochenen Lohn gegeben zu haben.

Einige Tage später musste der Bauer wieder zur Mühle nach Pfreimd fahren. Dieses Mal beeilte er sich, um ja rechtzeitig daheim zu sein. Auf der schlechten Straße aber brach ein Rad. Als der Bauer es repariert hatte, war bereits die Nacht hereingebrochen. Es war so finster, dass er im Wenzel nicht einmal mehr die Hand vor den Augen sehen konnte. In seiner großen Not flehte er wieder die Feuermännchen an, ihn sicher am Herzpröll vorbei zu bringen. Zwei Laib Brot sollten die Belohnung dafür sein. Sogleich saß wieder das Feuermännchen neben ihm und nahm die Zügel in die Hand. Aber diesmal lenkte es das Fuhrwerk direkt in den Herzpröll hinein. Dort versank der Bauer mitsamt seinem Wagen und seinen Pferden. Manche Leute behaupten sogar, dass man die Hilferufe des Bauern noch heute hört, wenn man um Mitternacht durch den Wenzel fährt.

Alois Reis

ÜBUNGEN

Fürwörter (Pronomen)

Marie hat eine Puppe.
Maries Puppe heißt Maxi.
Marie spielt gern mit der Puppe.
Am liebsten zieht Marie der Puppe neue Kleider an. Aber Mama will Marie nicht immer welche kaufen.
Dann fragt Marie Opa.

1. Setze Fürwörter ein, damit die Geschichte besser klingt. Schreibe den Text auf.

Mit Wiewörtern treffend beschreiben

Peter sieht im Schaufenster ein Auto.
Das möchte er kaufen.
Er sagt zu dem Verkäufer:
„Ich möchte das Auto dort haben."
„Welches? Da stehen fünf verschiedene",
antwortet der Verkäufer.

2. Welches Auto könnte Peter kaufen? Beschreibe ein Auto. Die folgenden Wörter können dir helfen:

hoch	kurz	breit	sportlich	schnittig	lang	niedrig

3. Lass ein anderes Kind raten, welches Auto du gemeint hast.
4. Beschreibe ein Kind deiner Klasse. Lass die anderen raten, wer gemeint ist.
5. Du kannst auch eine berühmte Person beschreiben. Lass die anderen raten, wer gemeint ist.

ÜBUNGEN

Wörter mit den Nachsilben -ig und -lich

Wellensittiche

Meine Vögel sind sehr nied___,
aber nicht besonders fried___.
Lust___ fliegen sie durchs Zimmer,
zwitschern tun sie beinah' immer.

Häuf___ ist ihr Käfig schmutz___,
aber trotzdem sind sie putz___.
Wirk___ ruh___ sind sie nie –
doch wir alle lieben sie.

Ute Schimmler

1. Schreibe den Text ab.
   Setze -ig oder -lich ein.

Eis	Sonne	Frost	Frieden
Hitze	Geduld	Ehre	Ruhe
Freund	Sache	Ärger	Feind

2. Bilde Wiewörter mit den Nachsilben -ig oder -lich.
3. Findest du passende Namenwörter?
   Schreibe so: *eisig – ein eisiger Wind, ...*

lästig	hässlich	ängstlich	tatsächlich	mächtig

4. Bilde aus den Wiewörtern Namenwörter ohne die Nachsilben -ig und -lich.
5. Schreibe mit jedem Namenwort einen Satz.

ÜBUNGEN

Zusammengesetzte Namenwörter

Kuckucksuhr	Apfelbaum	Geburtstagskind	Kleiderschrank
Schiffsglocke	Hexenbuch	Urlaubsfoto	Heizungsrohr

1. Aus welchen Wörtern wurden die Namenwörter zusammengesetzt?
   Schreibe so: *die Kuckucksuhr: der Kuckuck, die Uhr*
2. Kannst du noch andere zusammengesetzte Namenwörter bilden?
   Verwende die Namenwörter von Aufgabe eins.

Wörter mit -heit, -keit, -ung

Lisas Haus lag in einiger Entfernung zur Straßenbahn.

Sie ging ungern in der ▒ durch den Park.

Dunkelheit	Helligkeit

Aber sie musste ihre ▒ überwinden.

Feigheit	Tapferkeit

Endlich sah sie mit ▒ ihr Elternhaus.

Ängstlichkeit	Erleichterung

Jetzt war sie in ▒.

Einsamkeit	Sicherheit

3. Schreibe die Geschichte ab und setze dabei die richtigen Wörter ein.
4. Markiere -heit, -keit und -ung.
5. Bilde weitere Namenwörter mit -heit, -keit und -ung.

ÜBUNGEN

Wörter mit doppeltem Selbstlaut

Früher glaubten viele Menschen, dass sich überall in der Natur Geister verstecken würden. Sie vermuteten einen Kobold, eine Elfe oder eine Fee in jedem Moor, jedem See und in jedem Meer. Natürlich fürchteten sie sich vor diesen Wesen, aber von einigen erhofften sich die Menschen auch Hilfe und Unterstützung. Außerdem vertrauten sie auf die Heilkräfte von Kräutern, Farnen und Moos. Daraus bereiteten sie Salben und Tee.

1. Schreibe alle Namenwörter mit doppeltem Selbstlaut auf. Denke an den Begleiter. Markiere die schwierige Stelle farbig.
2. Bilde mit jedem Wort einen neuen Satz und schreibe ihn auf.
3. Findest du noch andere Wörter mit doppeltem Selbstlaut? Schlage im Wörterbuch nach, wenn du nicht sicher bist.

Wörter mit langem i-Laut

A	B	C	D	E	F	G	H	I	J	K	L	M
1	2	3	4	5	6	7	8	9	10	11	12	13

N	O	P	Q	R	S	T	U	V	W	X	Y	Z
14	15	16	17	18	19	20	21	22	23	24	25	26

11 18 15 11 15 4 9 12

18 1 4 9 15

13 21 19 9 11

13 1 19 3 8 9 14 5

20 9 7 5 18

9 7 5 12

4. Kannst du das Rätsel lösen? Schreibe die Wörter auf.
5. Bilde mit jedem Wort einen Satz und schreibe ihn auf.

ÜBUNGEN

Wörter mit eu und äu

❶ Schreibe die Wörter auf. Markiere die schwierige Stelle farbig.

l●●ten	Geb●●de	be●●gen	S●●gling	Br●●che	K●●fer

❷ Schreibe verwandte Wörter zu den Begriffen auf. Welche helfen dir, die richtige Schreibweise herauszufinden? Begründe.

Wie trennst du richtig?

 *Schokoladeneis* 

 *Kartoffelknödel* 

 *Blumenkohlsuppe* 

 *Aprikosenkuchen* 

 *Pfefferminztee* 

 *Milchmixgetränk* 

 *Truthahnschnitzel* 

 *Buttergemüse* 

❸ Schreibe die Wörter getrennt auf.

❹ Denke dir möglichst lange Wörter aus.
Dein Partner muss sie klatschen.

ÜBUNGEN

Verflixt – ein Nix S.80

1. Warum erzählt Jonathan in der Schule nichts vom Nix?
2. Was wirft der Nix alles aus Jonathans Schultasche?
3. Wie nennt der Nix Jonathans Freundin Leo?
4. Was könnte Jonathan tun, damit Leo nicht mehr wütend auf ihn ist?

❶ Beantworte die Fragen in ganzen Sätzen.

❷ Denke dir eine andere Überschrift für die Geschichte aus.

Der Herzpröll S.86/87

❸ Schreibe in deinen eigenen Worten auf, wie der Herzpröll zu seinem Namen kam.

❹ Beantworte die Fragen in ganzen Sätzen:

1. Was versprach der Bauer dem Feuermännchen als Dank für seine Hilfe?
2. Warum half das Feuermännchen dem Bauern kein zweites Mal?
3. Was kann man angeblich um Mitternacht im Wenzel hören?

❺ Beschreibe den Bauern und das Feuermännchen mit treffenden Wiewörtern.

❻ Gibt es über die Gegend um deinen Wohnort auch gruselige Sagen?

Feuerwerk am Himmel
Polarlichter
unicef
UND NACH DEM ABSCHALTEN...
...UMBLÄTTERN
GEOlino
DAS ERLEBNIS HEFT
VAMPIRE
UNHEIMLICHE KREATUREN
Die Rambos der Regenwälder
SCHOPFMAKAKEN
Aus KLEIN mach GROSS

Medien überall

Was sind eigentlich Medien?

Wir unterscheiden zwei verschiedene Arten von Medien: Printmedien und elektronische Medien. Printmedien (engl. to print: drucken) sind alle Druckerzeugnisse wie Zeitungen, Zeitschriften und Bücher. Zu den elektronischen Medien gehören Radio, Fernsehen und Internet. Medien haben zwei wichtige Aufgaben: Sie informieren und unterhalten uns.

1. Was erfährst du im Text über Medien? Erkläre in deinen eigenen Worten.

2. Anna hat den Text zusammengefasst. Was fällt dir auf?

- es gibt Printmedien und elektronische Medien
- Printmedien: Zeitungen, Zeitschriften, Bücher
- elektronische Medien: Radio, Fernsehen, Internet
- Aufgaben: informieren und unterhalten

Mit **Stichpunkten** kannst du die wichtigsten Informationen eines Textes kurz notieren. Stichpunkte müssen keine vollständigen Sätze sein. Du kennzeichnest sie durch Spiegelstriche.

3. Schneide aus einer Zeitung oder einer Zeitschrift einen Artikel aus. Fasse ihn in Stichpunkten zusammen.

4. Gestaltet ein Plakat mit euren Artikeln und den Zusammenfassungen.

Medien Zeitung informieren Radio

Medien – immer sinnvoll?

Die Kinder der Klasse 3a haben sich über Medien unterhalten:

1. Was hältst du von den Aussagen der Kinder? Begründe. Denke dabei an die Aufgaben der Medien.
2. Welche Medien nutzt du und wofür? Erzähle.
3. Schreibe die Sätze der Kinder in dein Heft. Stelle sie jeweils zweimal um. Kreise in jedem Satz die Satzglieder ein.

Handy

Was steht in Zeitschriften und Zeitungen?

❶ Was für Zeitschriften sind hier abgebildet? Schreibe so:
die Computerzeitschrift: der Computer, die Zeitschrift; …

❷ Schreibe weitere Zeitschriftenarten auf.

❸ Auf welchen Teil des zusammengesetzten Namenwortes bezieht sich der Begleiter? Unterstreiche diesen Teil.

Zusammengesetzte Namenwörter (Nomen) bestehen aus einem Grund- und einem Bestimmungswort: der Sport, die Zeitschrift: die Sportzeitschrift.
Das letzte Wort ist das **Grundwort:** die Sport**zeitschrift**. Nach ihm richtet sich der Begleiter (Artikel).
Das **Bestimmungswort** beschreibt das Grundwort näher: Was für eine Zeitschrift? Eine **Sport**zeitschrift.

Tages- und Wochenzeitungen informieren über viele verschiedene Ereignisse. Sie berichten über aktuelle Politikereignisse, Wirtschaftsentwicklungen, Kultur- und Sportveranstaltungen sowie über Verkehrsunfälle und Wettervorhersagen.
Zeitschriften beschränken sich meist auf ein Themengebiet.

❹ Schreibe alle zusammengesetzten Namenwörter aus dem Text heraus. Unterstreiche jeweils das Grundwort.

Entwicklung

Gefahr auf der Straße
Hund beißt Kind ins Bein

Wertvollen Schmuck gefunden
Ehrlicher Finder wird belohnt

Große Gefühle im Kindertheater
Neues Stück erzählt von Heidi und ihren Abenteuern

Ohne Fleiß kein Preis!
FC Bayern führt nach Sieg Tabelle an

Die Wahl ist entschieden
Neuer Bundeskanzler erhält mehr Stimmen als erwartet

Damit sich der Leser in der Zeitung besser zurecht findet, sind die Informationen in Rubriken unterteilt, wie zum Beispiel Sport, Politik, Kultur oder Lokales. Diese haben meist einen festen Platz auf bestimmten Seiten.

5 Zu welchen Rubriken gehören die abgebildeten Schlagzeilen?

6 Trage alle Wörter aus den Schlagzeilen, bei denen ein h nach einem Selbstlaut oder Umlaut steht, in eine Tabelle ein.

ah/äh	eh	ih	oh/öh	uh/üh

7 Sprich die Wörter deutlich. Was fällt dir auf?

Wird in einem Wort ein Selbstlaut (Vokal) oder ein Umlaut lang gesprochen, folgt oft ein Dehnungs-h.

8 Suche weitere Wörter mit Dehnungs-h in der Wörterliste. Schreibe mit jedem Wort einen Satz und markiere die Merkstelle farbig.

Gefahr Straße beißen ehrlich

belohnen Gefühl ohne führen Fleiß

Unsere Zeitung wird Klasse

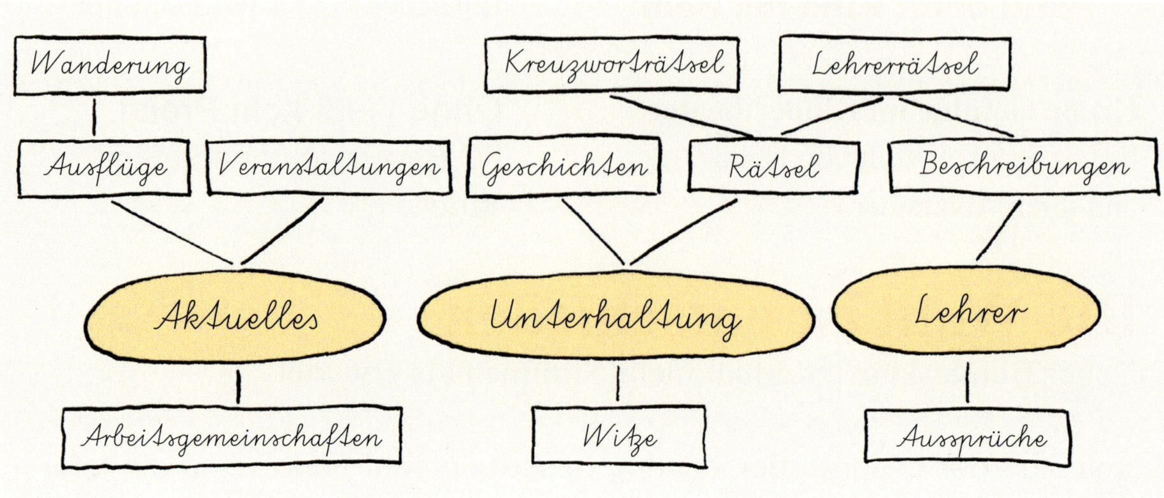

So entsteht ein Cluster:
1. Sammelt Ideen zu einem Thema in Stichpunkten.
2. Ordnet die Stichpunkte nach wichtigen Bereichen und umrahmt diese.
3. Ergänzt die umrahmten Bereiche mit weiteren Einfällen.

❶ In welchen Situationen ist ein Cluster nützlich? Begründe.

Für die Klassenzeitung möchte Tom ein Rätsel über seine Lehrerin Frau Zander schreiben. Dazu sind ihm diese Begriffe eingefallen:

Familie | Größe | Lieblingsmusik | Aussehen | Alter

Lieblingsfilm | Kleidung | Hobbies | Lieblingsbuch | Haare

❷ Ordne die Begriffe in einem Cluster. Du kannst auch noch weitere Wörter ergänzen.

❸ Schreibe mit Hilfe des Clusters ein Rätsel über deine Lehrerin oder deinen Lehrer.

❹ Ihr könnt eure Rätsel am Computer gestalten.

Herstellung einer Klassenzeitung

1. Ordnet die Arbeitsschritte in Partnerarbeit.

Nachdem einige Kinder der Klasse 3a als **Reporter** und Autoren tätig waren, wird eine **Redaktion** zusammengestellt. Die **Redakteure** entscheiden, welche Artikel in welche Rubriken der Klassenzeitung passen. Sie überarbeiten und korrigieren die Beiträge und kümmern sich um die **Illustrationen.**

2. Schlage die dick gedruckten Wörter im Duden oder im Lexikon nach. Du kannst dich auch im Internet informieren.

3. Schreibe mit Hilfe der Stichpunkte auf, wie eine Klassenzeitung entsteht. Verwende dabei die Fachbegriffe von Aufgabe zwei.

4. Welche Zeitungen kann man in eurem Ort kaufen? Erkundigt euch.

5. Gibt es in eurem Ort einen Zeitungsverlag? Vielleicht könnt ihr ihn mit eurer Klasse besuchen.

fertig passen

Alle helfen mit

░░░ sitzen aufgeregt im Stuhlkreis. Heute werden ░░░ für die Klassenzeitung verteilt. ░░░ wollen mithelfen. ░░░ erklärt noch einmal genau, was zu tun ist.

die Kinder	die Lehrerin	alle	die Aufgaben

❶ Schreibe die Sätze vollständig auf.

Auf die Frage **Wer?** oder **Was?** antwortet der Satzgegenstand (das Subjekt).
Die Kinder melden sich. **Wer** meldet sich? **Die Kinder** melden sich.

❷ Erfrage in den Sätzen jeweils den Satzgegenstand und unterstreiche ihn.

Lisa freut sich sehr. Sie soll für die Klassenzeitung einen Artikel über den Ausflug ins Moor schreiben. Die Fotos dazu will Ali mitbringen. Mit der neuen Kamera sind ihm die Bilder gut gelungen. Martin übernimmt die Gestaltung am Computer. Bestimmt wird der Artikel sehr interessant.

❸ Schreibe den Text ab.

❹ Erfrage in jedem Satz den Satzgegenstand und unterstreiche ihn.

In der Schreibwerkstatt

Für ihre Klassenzeitung hat sich die 3a eine **Schreibwerkstatt** in einer Ecke des Klassenzimmers eingerichtet. Die **Schreibtische** sind in Gruppen zusammen geschoben. **Kugelschreiber, Schreibblöcke** und **Schreibmaschinenpapier** liegen für alle bereit. Einige Kinder **schreiben** auch am Computer. Wenn man sich hier **verschreibt,** kann man den Fehler leicht ausbessern. Diejenigen, die selbst **schreibfaul** sind, überprüfen die fertigen Artikel auf **Rechtschreibfehler.** Andere zeichnen erste Skizzen zu den Texten.

1. Schreibe aus dem Text alle fett gedruckten Wörter heraus. Was haben sie gemeinsam? Kreise die Gemeinsamkeit ein.

Verwandte Wörter haben ein gleiches oder ähnliches Wortteil: den **Wortstamm.** Alle Wörter mit diesem Wortstamm bilden eine **Wortfamilie.**

2. Findest du noch weitere Wörter mit dem Wortstamm „schreib"?

malen	das Gemälde	die Malerei	malerisch

3. Zu welcher Wortfamilie gehören diese Wörter?

4. Untersuche den Wortstamm der Wörter. Was fällt dir auf?

Skizze Ecke Fehler schieben zeichnen

Interessantes über das Internet

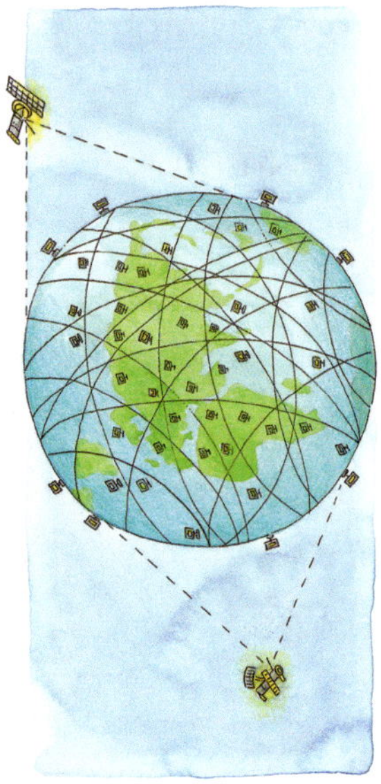

Als Internet (lat. inter: zwischen, engl. net: Netz) bezeichnet man das Datennetz zwischen Computern, die überall auf der Welt durch Telefonleitungen, Satelliten, Glasfaserkabel oder Funk verbunden sind. Jeder, der eine Information ins Internet stellt, hat eine bestimmte **Internetadresse.** Gibt man diese in den Computer ein, gelangt man auf dessen **Homepage.** Das ist die erste Seite einer Seitensammlung. Auf ihr befinden sich häufig markierte Wörter und Bilder, die man **Links** nennt. Wenn man diese anklickt, gelangt man auf neue Seiten. Links sind also Verbindungen zwischen Seiten.

1. Erkläre die fett gedruckten Wörter mit eigenen Worten.

2. Hast du schon Erfahrungen mit dem Internet gemacht? Erzähle.

Mit Hilfe des Internets können auch E-Mails verschickt werden.
Das sind elektronische Briefe.

Sie	erreichen	den Empfänger	schneller als ein normaler Brief		.
Sie	kommen	als Daten	über das Internet	quer durch die Welt	.
Sie	enthalten	häufig	gefährliche Computerviren		.

Durch die Umstellung von Satzgliedern kannst du abwechslungsreicher erzählen.

3. Stelle die Satzglieder um. Schreibe die Sätze verändert auf, so dass ein abwechslungsreicher Text über E-Mails entsteht.

4. Vergleicht eure Texte.

Eine E-Mail an …

An

Dina.tase@internet.de

Betreff: Kinobesuch

Hi Dina!
Können wir uns doch erst um 17 Uhr vor dem Kino treffen? Ich habe vorher noch einiges zu tun. :-(Zuerst erledige ich meine Hausaufgaben. Dann besuche ich meinen kranken Opa. Anschließend mache ich einen Spaziergang mit unserem Hund. Danach helfe ich meiner Mutter bei der Gartenarbeit. Gib mir bitte gleich Bescheid, ob das für dich in Ordnung ist.
Tom

1. Was bedeutet das Zeichen :-(? Welche Zeichen gibt es noch?
2. Was tut Tom vor dem Kino? Schreibe auf: *Tom erledigt …*

Auf die Frage **Was tut jemand?** oder **Was geschieht?** antwortet die **Satzaussage** (das Prädikat): Tom spielt. **Was tut** Tom? Er **spielt.**

3. Erfrage in den Sätzen die Satzaussage und unterstreiche sie.

Hallo Tom!
Danke für deine Mail. Meine Mutter braucht gerade den Computer. Deshalb schreibe ich dir so. Hoffentlich bekommst du den Brief noch rechtzeitig. Ich warte um 17 Uhr vor dem Kino auf dich.
Bis später, Dina

4. Vergleiche E-Mail und Brief. Schreibe die Unterschiede in Stichpunkten auf.
5. Schreibe den Text ab. Erfrage in allen Sätzen Satzaussage und Satzgegenstand. Unterstreiche beide Satzglieder mit verschiedenen Farben.

Was siehst du?

1. Welche Fragen würdest du deinen Mitschülern über ihre Fernsehgewohnheiten stellen?
2. Schreibe alle Fragen geordnet auf und führe die Umfrage in deiner Klasse durch.
3. Wertet die Antworten gemeinsam aus.
4. Bringt Fernsehzeitschriften mit in die Schule. Sprecht über die Programme der einzelnen Sender.
5. Erkläre, was du an deinen Lieblingssendungen magst.

Quiz	Filme	Nachrichten	Comedy	Sport	Serien	Trickfilm

6. Versucht, eure Lieblingssendungen in eine der Rubriken einzuordnen.

Hier liest du, was Frieder vor dem Fernseher erlebt. S. 114

Fernseher fernsehen

So viele Programme

Es ist Samstag. Familie Schuster sitzt im Wohnzimmer. Die Eltern und die beiden Kinder Markus und Lisa freuen sich auf einen gemütlichen Fernsehabend. In der Fernsehzeitung suchen sie gemeinsam nach einer passenden Sendung. Doch das ist gar nicht so einfach, denn es gibt viele Programme. Außerdem interessiert sich jeder für etwas anderes. Schon liegen sich die Kinder in den Haaren. Wer wird sich wohl durchsetzen?

1. Kennst du diese Situation? Erzähle.
2. Wie könnte Familie Schuster das Problem lösen?

Tierfilme erklären ▒▒ ▒▒.

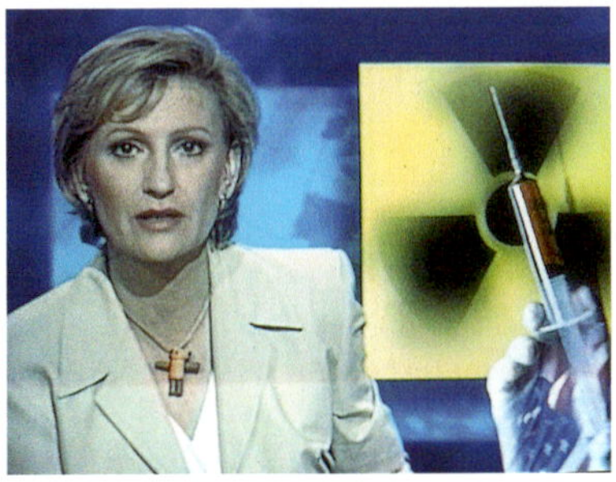

Nachrichten informieren ▒▒ ▒▒.

Quizsendungen unterhalten ▒▒ ▒▒.

wilde Tiere	über interessante Neuigkeiten	in Freiheit
in der Welt	die jugendlichen Zuschauer	durch schwierige Fragen

3. Ergänze jeweils zwei Satzglieder, so dass sinnvolle Sätze entstehen. Schreibe die Sätze auf.

> Durch das Ergänzen weiterer Satzglieder kannst du genauere Informationen in einem Satz geben.

erklären   wild   Freiheit   interessant   jugendlich   Programm

Die Geschichte der Zeitung

In alten Zeiten schrieb man wichtige Neuigkeiten an belebten Plätzen einfach an Wände oder auf große Tafeln. Solche Wandzeitungen gibt es in China noch heute.

Vor Gutenbergs Erfindung der Druckpresse vervielfältigte man Bücher nur durch Abschreiben, und über 50 Jahre lang kam niemand auf die Idee, mit Gutenbergs Buchdruck etwas anderes als Bücher zu produzieren. Niemand dachte an Zeitungen, denn niemand kannte sie. Das änderte sich erst 1493, als mehrere Flugblätter in Deutschland von der Entdeckung Amerikas durch Columbus berichteten.

Aber solche Meldungen waren noch selten. Wie hätte man damals eine Zeitung herausgeben können?

In Zeitungen müssen aktuelle Meldungen stehen. Aber die musste man erst sammeln. Redakteure, die das heute besorgen, gab es nicht. Selbst wenn es sie gegeben hätte, woher sollten sie ihre aktuellen Informationen beziehen?

Es gab noch kein Telefon, kein Fax und kein Internet. Selbst gebildete Leute hatten damals kaum eine Möglichkeit, sich über das Tagesgeschehen zu informieren. Am besten unterrichtet waren noch die Kaufleute. Sie wurden zu den wichtigsten Informationsquellen für die Zeitungsverleger.

Der erste Zeitungsverleger war ein Buchhändler aus Augsburg. Ab 1564 veröffentlichte er regelmäßig Messekataloge, die bald in allen Städten erschienen, in denen Handelsmessen abgehalten wurden.

Diese gedruckten Blätter enthielten Berichte über Neuigkeiten aus dem In- und Ausland. Sogar Anzeigen standen schon darin. Das war eine Vorstufe der heutigen Zeitungen. Das erste deutsche Wochenblatt erschien ab 1609 in der Stadt Wolfenbüttel. Die Idee verbreitete sich rasch in ganz Europa.

1833 erschien in den USA das erste Massenblatt. Die New Yorker Sun war in einfachem Stil verfasst und wurde billig und in großen Mengen auf den Straßen verkauft.
Das Blatt hatte kaum Bilder. Bis 1880 gab es noch kein Verfahren, um Fotos abzudrucken. Die Sun berichtete vor allem über lokale Ereignisse. Nachrichten aus den entfernten Landesteilen oder gar aus dem Ausland erhielt die Redaktion noch per Post. Und die lief damals nicht gerade sehr schnell.
Das änderte sich um 1850 mit der Einführung des elektrischen Telegrafen. Mit ihm zugleich entstanden Presseagenturen, die telegrafisch Nachrichten aus aller Welt zusammentrugen und an alle Zeitungsredaktionen weiterleiteten.
Für große Agenturen arbeiteten bereits damals eigene Auslandsreporter. Als sich Ende des 19. Jahrhunderts die Telefonnetze entwickelten, wurde es noch leichter, Nachrichten zu übermitteln. Zur gleichen Zeit gelang es, Bilder in Zeitungen mitzudrucken.
Heute hat der computergesteuerte Schriftsatz die alten Techniken verdrängt. Die Zeitungen werden nur noch am Computerbildschirm geschrieben und gestaltet.

- Welche Zeitungen gibt es heute?

Das große, kecke Zeitungsblatt

Heut flatterte durch unsere Stadt
ein großes, keckes Zeitungsblatt,
mir selber ist's begegnet.

Herab die Straße im Galopp
kam es gelaufen, hopp, hopp, hopp.
Es hüpfte, hopste, tanzte.

Allmählich wurd' es müd, es kroch,
es schlurfte nur, es schlich nur noch.
Und legte still sich nieder.

Da lag's, wie eine Flunder platt.
Dann aber tat das Zeitungsblatt
ganz plötzlich einen Sprung.

Stieg steil empor in kühnem Flug,
wobei es ein paar Saltos schlug,
und landete dann wieder.

Da saß es nun und duckte sich.
Jetzt krieg ich dich! – Doch es entwich
mit tausend Purzelbäumen.

Josef Guggenmos

Eine Maus in aller Welt

Micky Maus in Deutschland

Micky Maus in China

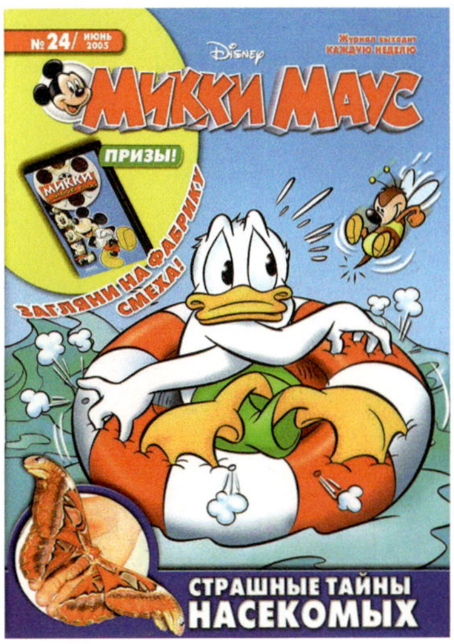

Micky Maus in Russland

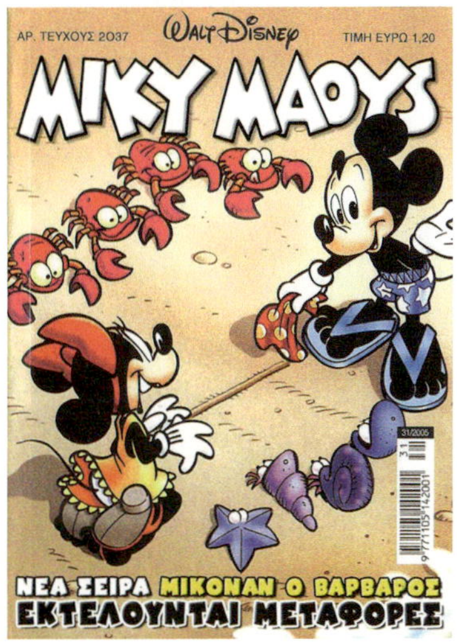

Micky Maus in Griechenland

Sicher hast du schon einmal in einem Micky Maus Heft geblättert. Lustig, diese Comics, oder? In Deutschland lachen die Menschen bereits seit mehr als 50 Jahren über die Abenteuer dieser mutigen Maus. 1951 erschien nämlich das erste deutsche Micky Maus Heft.
Doch eigentlich kommt Micky aus Amerika. Dort wurde diese Figur von Walt Disney bereits rund 25 Jahre früher erfunden. Heute kennt man den Comic-Helden überall auf der Welt. Mickys Geschichten wurden in 27 Sprachen übersetzt. Dann heißt Micky zum Beispiel Mi Lao Shu wie in China oder Musse Pigg wie in Schweden.

- Welche Comics kennst du noch?

Frau Quan schreibt Briefe

Frau Quan ist fit in EDV.
Sie kennt das Internet genau,
kann surfen, chatten, Mailbox leeren,
per Fax mit aller Welt verkehren.
Geschäftlich nutzt sie den PC,
denn das ist schließlich ihr Metier.

Doch wenn es um Privates geht,
dann hält sie nichts von dem Gerät.
Dann schreibt sie Briefe mit der Hand.
Die werden mit der Post versandt
und treffen sehr viel später ein,
doch, sagt sie, so viel Zeit muss sein.

Ihre beste Freundin Kitty
lebt weit weg in Kansas City
und Frau Quan schreibt häufig ihr
mit lila Tinte auf Papier,
dass sie mit Comicstrips verziert,
mit bunten Stickern dekoriert.

In Kittys Briefen klebt am Rand,
was Kitty am Missouri fand:
gepresste Blumen oder Pflanzen,
über denen Mücken tanzen,
die Kitty hingezeichnet hat
als Gruß aus ihrer Kansasstadt.

Frau Quan hat solche Briefe gern.
„Hier kommt ins Haus, was sonst so fern.
Ich kann es riechen und berühren,
kann die Missouripflanzen spüren,
und Freundin Kitty ist mir nah,
als wäre sie tatsächlich da."

Natürlich braucht der Briefverkehr
mehr Zeit und fällt drum manchem schwer.
„Ich spare Zeit", sagt sich Frau Quan,
„damit ich sie genießen kann.
Und Briefe schreiben, Briefe kriegen
ist eines meiner Topvergnügen."

Irmela Brender

Fernsehen

„Oma“, schreit der Frieder und zupft an Omas Rock. „Oma, ich kann überhaupt nicht schlafen!“

„Ja lässt du mich gleich los, Rotzbub!“, zetert die Oma. „Ja weißt du denn, wie spät es ist? Marsch, ab mit dir ins Bett.“

Die Oma sitzt im Sessel vor dem Fernseher und hat die Augen zu und die Beine hochgelegt. Im Fernseher stehen Leute herum, feingekleidet und plaudern miteinander, sehr leise und sehr höflich.

„Aber Oma“, jammert der Frieder und schielt zum Fernseher hin, „wenn ich doch nicht schlafen kann! Meine Augen gehen immer wieder auf. Ich glaub, die wollen Fernsehen schauen.“ „Das glaub ich nie und nimmer!“, sagt die Oma. „Weil das jetzt was für Große ist. Haben wir uns verstanden?“ Sie steht ächzend auf und bringt den Frieder in sein Kinderzimmer. Da steckt sie ihn ins Bett, deckt ihn noch fest zu mit der feuerroten Decke, gibt ihm einen Schmatz auf die Backe und sagt: „Da bleibst jetzt drin und schläfst mir schön. Morgen ist auch noch ein Tag und damit Schluss. Nix will ich mehr hören.“ Und damit geht sie wieder raus und macht die Tür fest zu.

Frieder liegt im Bett und ärgert sich. Wenn er doch wirklich gar nicht schlafen kann! Er hat es doch versucht, bestimmt! Aber seine Augen sind ganz wach, und Fernsehen schauen, das wär jetzt schön. Zuschauen, wie die feinen Leute plaudern, und roten Wein trinken die bestimmt auch, und schlafen tun sie ganz bestimmt nicht. Nur er soll schlafen, weil das die Oma will! Blöd!

Wütend haut Frieder auf die feuerrote Decke, aber davon wird er auch nicht müde, er wird sogar immer wacher! Die Oma, die hat’s gut! Die kann Fernsehen schauen, so oft sie will. Bloß, sie will ja gar nicht. Die sitzt vorm Fernseher und schnarcht, das kann der Frieder durch die geschlossene Tür hören. Die armen feinen Leute plaudern ganz umsonst und niemand schaut ihnen dabei zu.

Doch, ich, denkt der Frieder trotzig, jetzt nämlich grad! Und schon steigt er aus seinem Bett und krabbelt leise, ganz leise auf allen vieren raus aus seinem Zimmer und weiter geht’s auf allen vieren durch den Flur und leise, leise, rein in die Küche, wo die Oma sitzt und schnarcht, dass die Wände wackeln. Frieder kichert leise und kriecht blitzgeschwind unter Omas Sessel.

Zwischen Omas Hausschlappen hindurch kann er ganz prima den Fernseher sehen und die feinen Leute drin auch. Frieder grinst und legt sich auf den Bauch und starrt. Herrlich! Jetzt kann er Fernsehen schauen bis zum Morgen, mindestens. Die Oma merkt's ja nicht, die schläft.

Die feinen Leute prosten sich zu und winken und schnattern dabei und Frieder winkt ein bisschen mit und schnattert auch ein bisschen mit, aber bloß leise, damit's die Oma nicht hört. Was die Leute da schnattern, kann der Frieder nicht verstehen, das ist auch ganz egal. Hauptsache, er kann zuschauen, so lange und so viel er will!

Jetzt schaut er aber bestimmt schon ganz lange, so lange wie noch nie, und die Leute schnattern immer noch. Und ein bisschen fallen dabei dem Frieder die Augen zu, aber bloß ein bisschen. Er reißt sie gleich wieder auf und starrt, und über ihm im Sessel schnarcht die Oma und in dem Fernseher … sind plötzlich die feinen Schnatterleute weg. Dafür erscheint plötzlich eine riesige Hand, die hält ein riesiges Messer, das blitzt gefährlich, und da ist auch plötzlich eine Musik, die tönt so schlimm, so „rummelrummelrummelrummel", dass dem Frieder ganz komisch im Bauch wird. Was macht denn jetzt die Hand mit dem gefährlichen Messer, und wo sind denn die feinen Leute hin?

Da sind sie auch schon wieder da und plaudern und haben das Messer gar nicht gesehen. Der Frieder aber schon. Er sieht, und dabei werden seine Augen immer größer, er sieht, wie das Messer wandert, immer näher hin zu den Leuten. Frieder hält den Atem an … das Messer wird die Leute stechen, ganz klar! Das darf es aber doch nicht, das tut doch weh! Die Leute sollen weglaufen, ganz schnell, bevor das böse Messer kommt!

Frieder will schreien: Nehmt euch in Acht, es kommt der böse Wolf! So, wie es im Märchenbuch gerufen wird, wenn Gefahr droht. Aber hier droht ja gar nicht der böse Wolf, hier droht ja das Messer, immer näher und näher und Frieders Kehle ist wie zugeschnürt, keinen Laut bringt er heraus. Dafür ist im Fernseher plötzlich ein fürchterliches Geschrei und ganz viel Rot ist da auch … Frieder liegt ganz starr vor Schreck und das Rot wird immer mehr. Da wimmert der Frieder jammervoll auf: „Oma, Oma, Oma, Oma!“ Mehr bringt er gar nicht raus.

Da ist das fürchterliche Geschrei plötzlich weg … aber das Rote ist noch da, sehr sogar und sehr nah. Voller Entsetzen presst der Frieder die Augen zu und reißt sie gleich wieder auf. Weil die Hand nach ihm gegriffen hat. Das auch noch! Jetzt kommen sie ihn holen! Frieder starrt entsetzt, und starrt … in ein rotes Oma-Gesicht. Die kniet vor ihm auf dem Boden und zetert los: „Ja, bist du denn vom wilden Watz gebissen? Ins Bett gehörst du, Lauser, und nicht unter meinen Sessel.“

Der Frieder schnauft tief auf und krabbelt raus.

„Oma!“, stöhnt er. „Oma, gut dass du da bist! Die Leute sind nicht weggerannt und das Messer hat sie alle tot gestochen!“ „Das kommt davon“, sagt die Oma und stellt den Frieder auf die Beine, „wenn man klammheimlich Fernsehen schaut, dann hat man einen Schrecken!“

Und sie droht zum Fernseher hin und murmelt dabei zornig: „Das ist ja der reinste Kinderschreck! Sowas gehört verboten! Miserabliges Fernsehprogramm, miserabliges!“

Frieder nickt und schnauft und hält sich dabei an der Oma fest. Er schielt dabei zum Fernseher hin. Der ist schwarz, die Leute sind weg, das böse Messer aber auch. Gottseidank! „Jetzt aber ab mit dir ins Bett“, sagt die Oma und gähnt, „dir fallen ja schon die Augen zu und mir auch.“

Frieder muss auch gähnen und die Oma schleppt ihn in sein Zimmer, aber als er da sein rotes Bett sieht, ist er plötzlich wieder wach. „Oma!“, fleht

er, „Oma, das ist ja so rot! Da kann ich gar nicht schlafen!“ „Ich denke, du hast Rot so gerne?“, sagt die Oma und grinst … aber dann hat sie Frieders Bett ganz neu bezogen. Mit himmelblauer Bettwäsche.

Frieder strahlt und hüpft ganz von alleine ins Bett … und hüpft gleich wieder raus. „Oma!“, wispert er und schaut sich ängstlich um im dämmerigen Zimmer, „Oma, wir müssen erst das Messer suchen, bestimmt! Hilf mir!“

„Rotzlöffel!“, zetert die Oma. „Ja was denn jetzt noch? Mitternacht ist gleich vorbei!“

Und sie hat tief geseufzt und tief gegähnt und … mit dem Frieder das Messer gesucht, mitten in der Nacht und in der ganzen Wohnung. Und dann haben Oma und Frieder das Messer tatsächlich gefunden! Nämlich in der Küche in der Küchentisch-Schublade. „Dort gehört's auch hin und nicht in ein miserabliges Fernsehprogramm!“, hat die Oma gesagt. „Das ist nämlich mein Messer und damit wird niemand erstochen, dass du's nur weißt. Höchstens die Wurst.“ Und sie hat aus dem Eiskasten die Wurst geholt und Scheibchen abgeschnitten und Oma und Frieder haben Wurst gemampft, mitten in der Nacht.

Und dann hat die Oma das Messer neben die Wurst in den Eiskasten gelegt und die Tür fest zugemacht. Sicher ist sicher. Und dann konnte Frieder endlich schlafen … aber sicherheitshalber in Omas Bett!

Gudrun Mebs

- Sucht in der Bücherei weitere Bücher von Gudrun Mebs. Gestaltet damit eine Ausstellung.
- Im Internet findest du Informationen über die Autorin.

ÜBUNGEN

Zusammengesetzte Namenwörter

Am Wochenende beschäftigt sich bei Lisa daheim jeder mit Medien. Die Mutter hört sich im Radio ein Klavierkonzert an. Der Vater verfolgt im Fernsehen ein Fußballspiel. Lisas Bruder Jonas probiert sein neues Computerspiel aus. Lisa selbst liest ein spannendes Buch mit Pferdegeschichten. Beim Abendessen hat deshalb jeder etwas zu erzählen.

1. Schreibe die zusammengesetzten Namenwörter aus dem Text mit Begleiter untereinander auf.

2. Zerlege sie in Grundwort und Bestimmungswort.
   Schreibe so: *das Wochenende: die Woche, das Ende, …*

Medienwelt –	Weltstadt –	Stadtbus –	Bus… –

3. Setzt die Wörterreihe fort. Das Grundwort wird jeweils zum Bestimmungswort. Wer findet die meisten Wörter?

Wörter mit Dehnungs-h

B●●n	z●●len	●●r	Dr●●t	m●●r	f●●ren	L●●n	●●ne

4. Setze ah, äh, ih, eh, oh und uh, üh richtig ein. Schreibe die Wörter untereinander auf und markiere die lang gesprochenen Selbstlaute mit Dehnungs-h farbig.

5. Findest du Reimwörter?
   Schreibe so: *Bahn: Kahn, Zahn, …*

ÜBUNGEN

Satzglieder

Die Klasse 3a macht einen Besuch bei einem
Zeitungsverlag.
Die Lehrerin erzählt ihnen viele Dinge über
den Verlag.
Die Schüler lauschen interessiert.
Die wichtigsten Informationen schreiben sie in ihre Hefte.
Später bringen sie Zeitungen in die Schule mit.
Damit machen sie eine Ausstellung im Klassenzimmer.

1. Schreibe den Text ab.
2. Stelle die Sätze mehrmals um und schreibe sie auf.
3. Kreise die Satzglieder ein.
4. Unterstreiche in jedem Satz Satzgegenstand und Satzaussage.

Piri	besucht	mit Niklas	morgen	die Ausstellung	in der Schule

5. Stelle die Satzglieder um. Schreibe alle Sätze auf, die möglich sind.

Satzgegenstand und Satzaussage

Jeden Nachmittag hört Tom die Kindersendung im Radio.
Eine Stunde lang informiert der Sender nur die Kinder.
Die Nachrichten interessieren Tom besonders.
Aber auch die Kinovorschau mag er.
Weniger spannend findet der Junge
den Wetterbericht.

6. Schreibe die Sätze ab.
7. Unterstreiche Satzgegenstand und Satzaussage
mit unterschiedlichen Farben.

ÜBUNGEN

Wortfamilien

Heute wird im Fernsehen ein Autorennen übertragen. Gerade steigen die Fahrer in die Autos. Dann sammeln sich alle Fahrzeuge am Start. Das Signal ertönt und alle donnern los. Viele Male müssen sie die Rennstrecke umfahren. Dabei gibt es gefährliche Stellen, denn es hat geregnet und die Fahrbahn ist noch nass. Auch die Sicht ist schlecht. Deshalb müssen die Fahrer besonders umsichtig sein. Plötzlich herrscht großes Aufsehen. Ein Fahrer hat einen anderen abgedrängt. Dafür erhält dieser später ein Fahrverbot. Als einige Minuten danach das erste Auto in die Zielgerade einfährt, jubeln alle.

1. Schreibe aus dem Text alle Wörter heraus, die zu den Wortfamilien „fahren“ und „sehen“ gehören. Markiere den Wortstamm jeweils farbig.
2. Findest du noch weitere Beispiele? Schreibe sie auf.

Ein tolles Gerät

Anna hält viel von ihrem Computer. Sie sagt: „Ich brauche keine anderen Medien mehr.“ Im Internet kann sie sich informieren wie in einer Zeitung. Sie kann damit auch Musik hören wie mit einem Radio. Gerne löst sie am Computer schwierige Rätsel oder besteht in Spielen gefährliche Abenteuer. Das Programm im Fernsehen findet Anna nicht sehr interessant. Aber an schönen Tagen spielt sie dann doch lieber draußen mit ihren Freunden.

3. Übe den Text als Diktat.

Texte überarbeiten

Wir besuchten am letzten Dienstag zusammen mit anderen Klassen das Grips-Theater. Wir schauten uns das Stück „Stärker als Superman" an. Wir waren am Anfang sehr aufgeregt. Wir freuten uns sehr auf das Stück. Wir hatten glücklicherweise rechtzeitig Karten bestellt.

1. Schreibe den Text ab. Stelle dabei die Satzglieder so um, dass die Satzanfänge nicht immer gleich sind.

Viele Kinder drängelten sich um die besten Plätze. Außerdem waren die Kinder sehr laut. Die Kinder redeten miteinander, lachten und stampften mit den Füßen. So konnte man den Hauptdarsteller oft kaum verstehen, denn der Hauptdarsteller sprach meist leise.

2. Schreibe den Text ab und ersetze dabei einige Namenwörter durch Fürwörter.

Sogar während der Vorstellung aßen manche Kinder **Stücke von Schokolade** und knisterten mit den **Tüten der Chips.** Als wir das Theater verließen, lagen auf dem Boden **Krümel von Keksen** und andere **Reste von Essen.**

3. Bilde aus den dick gedruckten Namenwörtern zusammengesetzte Namenwörter. Schreibe den Text ab und setze nun diese Namenwörter ein.

Als wir am ende in den vorraum gingen, wurde geschubst und gestoßen. jeder wollte der erste sein. auch an der garderobe drängelten die kinder. trotzdem hat uns der theaterbesuch gefallen.

4. Überprüfe die Großschreibung und schreibe den Text richtig auf.

ÜBUNGEN

Die Geschichte der Zeitung S. 108

1. Was ist eine Wandzeitung?
2. Warum war es früher schwierig, aktuelle Meldungen zu bekommen?
3. Wer waren früher die wichtigsten Informationsquellen für Zeitungsverleger? Warum?
4. Wo und wann erschien das erste Massenblatt? Wie hieß es?
5. Warum ist 1850 ein wichtiges Jahr für die Geschichte der Zeitung?
6. Wie werden Zeitungen heute gestaltet?

❶ Beantworte die Fragen in Sätzen. Schreibe die Antworten auf. Gib die Zeilen an, in denen du die Information findest.

Das große, kecke Zeitungsblatt S. 110

❷ Wie bewegt sich das Zeitungsblatt durch die Stadt? Schreibe passende Tunwörter aus dem Gedicht auf.

❸ Schreibe die Reimwörter aus dem Gedicht paarweise auf.

❹ Wer ist dafür verantwortlich, dass das Zeitungsblatt lebendig wird?

❺ Schreibe das Gedicht ab. Gestalte die Seite mit ausgeschnittenen Stücken aus einer Zeitung.

Frau Quan schreibt Briefe S. 112

EDV	chatten	surfen
Mailbox	Fax	PC

1. Was bedeuten diese Wörter? Schreibe eine kurze Erklärung auf. Ihr könnt auch eine Fremdwörterkartei anlegen.

2. Wie sehen Kittys Briefe aus? Zeichne. Suche zwei Gründe im Text, warum Frau Quan Briefe nicht am Computer schreibt.

Fernsehen S. 114

Frieder darf nicht fernsehen, weil die Oma Fernsehen ablehnt. 33
Frieder darf nicht fernsehen, weil die Sendungen nichts für ihn sind. 31

Frieder kriecht ins Wohnzimmer und legt sich unter Omas Tisch. 29
Frieder kriecht ins Wohnzimmer und legt sich unter Omas Sessel. 27

Am Ende essen die Oma und Frieder zusammen eine Scheibe Wurst. 41
Am Ende essen die Oma und Frieder zusammen ein Stück Käse. 42

3. Welche Antworten stimmen? Zähle die Zahlen zusammen. Wenn du alles richtig gemacht hast, erhältst du als Ergebnis die Zahl 99.

Wut	Angst	Freude	Entsetzen	Erleichterung

4. Diese Gefühle spielen in der Geschichte eine Rolle. Finde jeweils eine passende Textstelle und gib die Zeilen an.

Tierisches

Ausflug zum Zoo

Anna hat einen Gutschein für einen Zoobesuch zum Geburtstag geschenkt bekommen. Nun steht sie mit ihrer Tante Hilde vor dem Zoo und wartet in einer Schlange vor der Kasse. Tante Hilde sagt: „Sobald wir bezahlt haben, gehen wir zum Elefantenhaus. Über Elefanten habe ich dir schon viel erzählt. Danach machen wir uns auf den Weg zu den Affen. Diese werden um 14.00 Uhr gefüttert. Die Fütterung haben wir beim letzten Mal verpasst. Wenn wir dann alle anderen Tiere gesehen haben, essen wir ein Eis in deiner Lieblingseisdiele Venezia in der Römerstraße. Was hältst du davon?“ Anna nickt glücklich und freut sich über den aufregenden Tag.

1. Du warst bestimmt auch schon im Zoo. Erzähle.
2. Besprecht folgende Fragen:
   Was passiert vor Annas Zoobesuch?
   Was passiert im Zoo?
   Was passiert nach dem Zoobesuch?
3. Woran erkennst du, wann alle Ereignisse im Text geschehen? Begründe.
4. Schreibe in Stichpunkten in der richtigen Reihenfolge auf, wie Annas Zoobesuch verlaufen wird: *– an der Kasse anstellen …*
5. Sammle Ausdrücke, die Zeiten angeben.
   Schreibe so: *letzte Woche, morgen, …*

Im Affenhaus

Um 14.00 Uhr öffnet der Wärter das Käfigtor. Die Affen laufen hungrig herbei. Ein Schimpanse klopft mit einem Topf auf dem Boden. Der Wärter verteilt Obst. Aber der kleinste Schimpanse verliert seinen Apfel. Schimpfend angelt er ihn wieder mit seinen Händen. Es dauert nicht lange und der Eimer mit Obst ist leer. Danach turnt die Affengruppe zwischen den Bäumen und zeigt lustige Bewegungen.

1 Schreibe alle Tunwörter aus dem Text mit den passenden Fürwörtern untereinander auf: *er öffnet, …*

Das Tunwort (Verb) gibt an, in welcher Zeit etwas geschieht.
Das Tunwort in der **Gegenwart** (Präsens) zeigt an, dass etwas jetzt stattfindet: Der Wärter öffnet. Die Affen laufen.
Das Tunwort in der **Vergangenheit** zeigt an, dass etwas bereits stattgefunden hat.
Die **erste Vergangenheit** (Präteritum) benutzt du vor allem beim Verfassen von Texten: Der Wärter öffnete. Die Affen liefen.

2 Setze die Tunwörter nun in die erste Vergangenheit. Schreibe so: *er öffnet – er öffnete, …*

ich verpacke	er schreibt	sie spielen	du schweigst	wir lachen

3 Setze auch diese Tunwörter in die erste Vergangenheit.

4 Unterstreiche die Veränderungen.

verpacken schweigen verlieren hungrig

Aus einer Mücke einen Elefanten machen

Eine dicke und eine dünne Schnecke machten an einer Hecke ein Picknick. Die dicke Schnecke packte glücklich ein Stück Kuchen aus und ließ es sich auf einer Decke schmecken. Die andere Schnecke aber fegte zuerst jede Ecke und rief: „Dieser Dreck hier! Einfach schrecklich!“ Gelangweilt blickte die dicke Schnecke die Freundin an und murmelte: „Du machst aus einer Mücke einen Elefanten!“ Da guckte sie die Schnecke fragend an: „Was soll denn das nun wieder heißen?“

1. Suche im Text alle Wörter mit ck und schreibe sie auf. Sprich die Wörter deutlich. Was fällt dir auf?

> Nach einem kurz gesprochenen Selbstlaut (Vokal) steht oft ck. Beim Trennen bleibt ck immer zusammen. Steht ck zwischen zwei Selbstlauten, trennst du vor dem ck: pa-cken. Folgt nach dem ck ein Mitlaut (Konsonant), trennst du nach dem ck: Entwick-lung.

Der Kuckuck ▒▒▒ ein Vogelei im Nest.
Mit dem Schnabel ▒▒▒ der Specht eine Höhle in den Stamm.
Im Herbst ▒▒▒ die Eichhörnchen Bucheckern.
Viele Menschen ▒▒▒ beim Anblick einer Spinne.

erschrecken	entdecken	hacken	verstecken

2. Schreibe die Sätze mit den passenden Tunwörtern auf.

3. Markiere ck farbig und setze unter den kurzen Selbstlaut einen Punkt.

packen glücklich schmecken Decke blicken

Die dünne Schnecke erzählt

Am nächsten Tag berichtet die dünne Schnecke: „Ich habe mit der dicken Schnecke ein Picknick gemacht. Den Picknickplatz habe ich ausgesucht. Ich bin herumgekrochen und habe überall den Dreck weggefegt. Über die dicke Schnecke habe ich mich sehr geärgert. Alles habe ich alleine sauber gemacht. Und das Schlimmste: Zum Schluss habe ich kein Stück Kuchen bekommen. So eine Unverschämtheit!"

1. Schreibe auf, was die dünne Schnecke erzählt hat:
Sie hat mit der dicken Schnecke ...

Das Tunwort in der **zweiten Vergangenheit** (Perfekt) zeigt auch an, dass etwas bereits stattgefunden hat. Für diese Zeitform benötigst du die **Hilfstunwörter** (Hilfsverben) „haben" und „sein".
Er hat gearbeitet. Sie sind gelaufen.
Die zweite Vergangenheit wird vor allem beim mündlichen Erzählen verwendet.

2. Unterstreiche die Tunwörter: *Sie hat ... gemacht.*

Die dicke Schnecke
- schaut.
- sitzt.
- isst.
- genießt.
- lacht.

3. Setze jeden Satz in die zweite Vergangenheit und erweitere ihn durch zusätzliche Satzglieder.

4. Hast du dich auch schon einmal über jemanden geärgert? Erzähle in der zweiten Vergangenheit.

kriechen Schmutz dick dünn Dreck Stück

Plapperraben

Rabenvögel können Stimmen von Tieren und Menschen nachahmen. Könnt ihr das auch?
Als Erstes bestimmt ihr, wer die Rolle des Plapperraben und die des Rabenzüchters spielt. Der Plapperrabe trägt eine Rabenmaske. Er muss nun eine Minute lang alles nachsprechen, was ihm der Rabenzüchter vorsagt. Dabei darf er keinen Fehler machen. Gelingt ihm das nicht, muss er eine weitere Runde lang den Raben spielen. Der Rabenzüchter will jedoch so lange wie möglich seine Rolle behalten und überlegt sich deshalb schwierige Sätze und Zungenbrecher.

1 Erkläre das Spiel mit eigenen Worten.

2 Sprich die Sätze schnell nach.

blitzen spitz

Rabenvögel

Oliver hat sich über Rabenvögel informiert und Stichpunkte dazu notiert:

Rabenvögel

- 100 Arten
- Singvögel
- gelehrig
- leben immer zusammen
- 2 bekannte Arten: Kolkrabe und Elster

Dazu hat er diesen Sachtext geschrieben:

Es gibt über 100 Rabenvogelarten. Alle Raben sind Singvögel, auch wenn ihr Krächzen in unseren Ohren nicht schön klingt.
Sie sind sehr gelehrig.
Das Männchen lebt ein Leben lang mit dem gleichen Weibchen zusammen.
Bei uns sind zwei Arten besonders bekannt: der Kolkrabe und die Elster.

So verfasst du einen Sachtext:
- Schreibe nur das Wichtigste auf.
- Schreibe sachlich, das heißt, keine wörtliche Rede, keine Gefühle.
- Benutze Fachbegriffe.
- Achte auf einen sinnvollen Aufbau.

1 Überprüfe, ob Oliver die Regeln beachtet hat.

Die Elster
- schwarz-weißes Gefieder, langer Schwanz
- baut überdachte Nester in hohen Bäumen
- grünliche Eier, graubraun gefleckt
- Gerücht, dass Elstern glänzende Sachen in ihre Nester verschleppen

2 Schreibe mit diesen Stichpunkten einen Sachtext zur Elster.

Klammermäuse

So stellst du eine Klammermaus her:

Zum Schluss werden der Schwanz aus Kordel und die Ohren, der Schnurrbart und die Augen aus rosa Filz angeklebt.

Man braucht ein Stück Pappe, je ein Stück rosa und grauen Filz, eine Wäscheklammer, ein Stück Kordel, eine Schere und Leim.

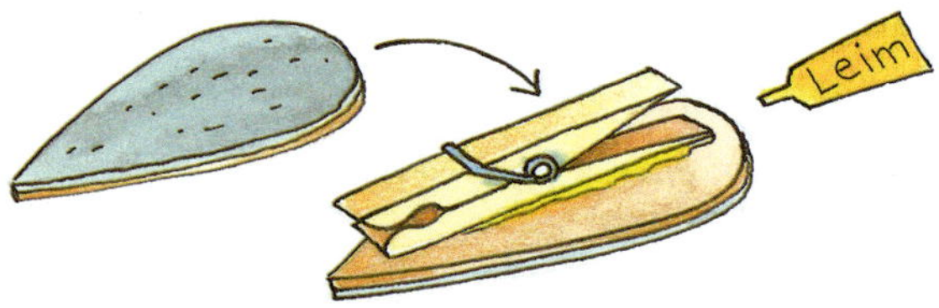

Zuerst schneidet man die beiden Teile für den Körper aus Filz und aus Pappe aus. Danach werden die Filzstücke auf die Pappe geklebt.

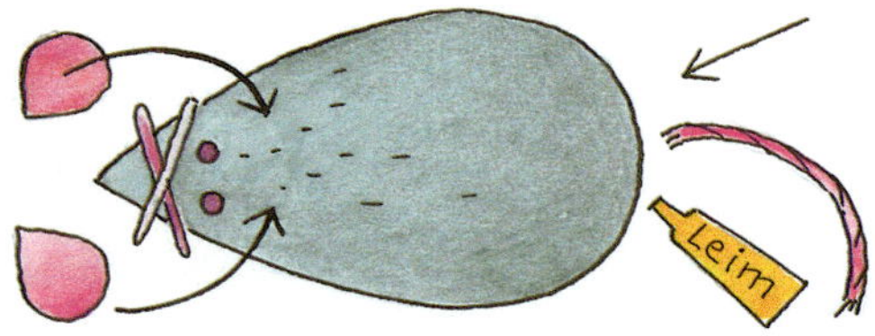

Diese beiden Teile klebt man nun auf die Ober- und Unterseite der Wäscheklammer.

1 Funktioniert diese Bastelanleitung?

2 Schreibe die Bastelanleitung in der richtigen Reihenfolge auf. Die Bilder helfen dir.

So verfasst du eine Vorgangsbeschreibung:
- Beachte die Regeln für Sachtexte.
- Halte dich genau an die richtige Reihenfolge.
- Schreibe in der Gegenwart.

3 Bastle die Klammermaus.

Katz' und Maus

Text: Ludwig Schuster

1. In mein Va - dern sein Häu-serl, ja da geht's a so um, ___
und da tan - zen die Mäu-serl in der Tisch-lad her - um.

2. In mein Vadern sein Häuserl, ja da fehlt halt die Katz,
denn sonst wär's für die Mäuserl kein so lustiger Platz.

Müssen Mäuse vor allen Katzen Angst haben?

Die Katze will sich auf einem sonnigen Platz ihre Tatzen putzen. Trotzdem bleibt das Mäuschen still in seinem Versteck sitzen. Plötzlich beginnt es zu donnern und zu blitzen. Die Katze macht einen Satz und entdeckt die Maus. „Jetzt beginne ich doch zu schwitzen", denkt die Maus. „Wo finde ich nur Schutz?"

1. Schreibe alle Wörter mit tz aus dem Text untereinander auf.
Sprich die Wörter deutlich. Was fällt dir auf?

> Nach einem kurz gesprochenen Selbstlaut (Vokal) steht oft tz: Hịtze.
> Zwischen zwei Selbstlauten wird tz getrennt: sẹt-zen.

2. Finde Reimwörter zu den Wörtern mit tz.
Schreibe so: *Katzen – Tatzen, ...* Was stellst du fest?
3. Setze unter den kurzen Selbstlaut einen Punkt und markiere tz farbig.
4. Übe den Text als Diktat.

schwitzen   Schutz   donnern

Ein großer Wunsch

Lisa hat bald Geburtstag. Schon seit langer Zeit wünscht sie sich einen Hund. Doch die Eltern sind nicht sehr überzeugt. Beim Abendessen versucht Lisa, Mutter und Vater zu überreden. Der Hund von Tom hat Nachwuchs bekommen. Davon erzählt sie ihren Eltern. „Ein Welpe hat ein **rabenscharfes** Fell, das sich **samtsüß** anfühlt. Sein Gang ist **blitzrund,** obwohl sein Körper **kugelschnell** ist. Er hat einen **messerschwarzen** Verstand. Ach, sein Aussehen ist einfach **zuckerweich**!"

1. Schreibe die fett gedruckten Wörter auf Kärtchen.
2. Schneide jedes Kärtchen auseinander und setze immer zwei Kartenteile zusammen. Welche sinnvollen Wörter findest du?
3. Schreibe die Sätze ab und füge die neuen Wörter richtig ein.

Ein **zusammengesetztes Wiewort** (Adjektiv) wird oft aus einem Namenwort (Nomen) und einem Wiewort gebildet.
Mit einem zusammengesetzten Wiewort beschreibst du anschaulich.
Du schreibst es klein.

klar	Blüten	kalt	Finger	grün	Feder	frei	Haus
Sorgen	weiß	Glas	hoch	Eis	dick	leicht	Gras

4. Bilde zusammengesetzte Wiewörter. Schreibe so:
   das Glas + klar = glasklar, ...
5. Beschreibe dein Lieblingstier mit zusammengesetzten Wiewörtern.

süß scharf frei

Macht Werbung Wünsche wahr?

Lies die verschiedenen Werbeanzeigen:

Die sommerfrischen
Vitaminbonbons: Vitabomber!
Sie machen dich bärenstark!
Du bleibst superfit
und kerngesund!
Und sie schmecken honigsüß,
einfach fantastisch!
Mit Vitabomber bist DU
der Bomber!!!

Nichts ist unmöglich mit Hasi
Hoppel an deiner Seite!
Dein treuer Freund!
Hasi Hoppel lässt dich nie allein!

Willst du was erleben?
Schau dir den neuen Film
„Superboy“ an!
Unglaubliche Spannung, Action pur
und aufregende Geschichten tauchen
dich ein in die Welt der Superhelden!
Sei auch du cool und komm ins
Kino! Den Film musst du sehen!!!!

Das neue Wunderei
erfüllt dir gleich drei Wünsche:
Spiel, Spaß und Spannung!
Das musst du haben!
Wunderei ist einfach spitze!

1 Die Werbeanzeigen versprechen viel. Erzähle.

2 Sammelt weitere Werbeanzeigen.
Was versprechen sie? Stimmt das? Sprecht darüber.

Butter	Wunder	Pfeil	Poren	Kinder	April	Riesen
leicht	tief	frisch	groß	schnell	schön	weich

3 Werbung enthält oft zusammengesetzte Wiewörter.
Welche findest du?
Schreibe so: *die Butter + weich = butterweich, …*

4 Schreibe nun selbst einen Werbespruch mit zusammengesetzten Wiewörtern.
Stellt eure Werbesprüche vor. Wer hat den besten Spruch? Begründe.

Spitze treu

Werbung für einen guten Zweck

Obwohl Wale als die Freunde des Menschen bezeichnet werden, behandelt der Mensch diese Tierart nicht besonders freundlich. Im Gegenteil: Wale werden von Menschen gejagt. Durch den jahrelangen Walfang gibt es immer weniger Wale. Manche Arten sind schon fast ausgestorben. Heutzutage wird so viel gefischt, dass viele Meerestiere aussterben, die eigentlich Nahrung für den Wal sind. Die Verschmutzung der Meere, der Lärm der Bohrinseln und die vielen Schiffe sind nur einige der vielen Bedrohungen für die Wale.

1. Sammle weitere Informationen zum Leben der Wale und ihrer Bedrohung in Sachbüchern oder im Internet.

2. Gestaltet in der Gruppe ein Tierschutzplakat, das für den Schutz der Wale wirbt.
   Denkt dabei an:
   - Tierschutzsprüche
   - Bilder mit leuchtenden Farben
   - kurze Sachtexte über die Gefahren, die das Leben der Wale bedrohen.

   Ihr könnt den Text am Computer mit verschiedenen Schriftarten gestalten.

3. Weitere Informationen zu Hilfsorganisationen, die sich für den Walschutz einsetzen, findest du im Internet.

Nahrung Verschmutzung Lärm

Wale – Freunde des Menschen

Über Wale und Delfine gibt es viele Geschichten.
Oft retten sie Menschen und Tiere.
Bestimmt kennst du auch die Tierfilme „Flipper“ und „Free Willy“.
In diesen Filmen spielen Wale die Hauptrolle und helfen Menschen in Not.

1. Schreibe den Text ab. Frage in jedem Satz nach Satzgegenstand und Satzaussage. Unterstreiche sie mit verschiedenen Farben.

Koiranos und der Delfin

Koiranos traf eines Tages mehrere Fischer, die gerade dabei waren, einen Delfin zu töten. Der kleine Wal hatte sich in einem Netz verfangen. Koiranos hatte Mitleid und überredete die Fischer, von dem Tier abzulassen. Ihren „Fangverlust“ versüßte er ihnen mit Geld und entließ den Delfin daraufhin wieder in die Freiheit. Kurze Zeit später geriet der alte Grieche in ein Unglück. Sein Boot erlitt auf dem Weg nach Mykonos Schiffbruch. Koiranos überlebte als einziger. Ein Delfin kam ihm in letzter Sekunde zu Hilfe und brachte ihn ans Ufer.

2. Lies den Text genau. Fertige Erzählkarten an, damit du die Geschichte vortragen kannst. S. 66

3. Erzähle nun die Geschichte aus der Sicht Koiranos in der zweiten Vergangenheit. Erzähle so: *Ich habe …*

Mehr über Delfine erfährst du auf S. 147.

kennen spät

Mama Anna

Die meisten Leute halten einen Dackel für eine Art Hund mit kurzen Beinen und einem langen Körper und wissen nicht, dass Hunde Hunde und Dackel eben Dackel sind. Hunde tun meistens das, was ihre Herren von ihnen wollen.

Dackel hingegen tun meistens das, was sie selber wollen. Unser erster Dackel hieß Anna, und schon als ganz junger Hund tat sie alles Mögliche, nur nicht das, was wir von ihr wollten.

„Sie ist stocktaub“, sagten wir. Aber Anna war nicht taub. Sie war ein Dackel. Außer der Sturheit, die allen Dackeln eigen ist, war Annas herausragendster Charakterzug ihre Mutterliebe. Schon bald nannten wir sie nur noch „Mama Anna“.

Mama Anna kümmerte sich nicht nur rührend um ihre eigenen Jungen, sondern auch um die anderer Tiere. Selbst wenn sie keine Welpen hatte, gab sie Milch, sobald sie sah, dass irgendwelche Tierbabys in Not waren.

Oft nahm sie junge Kätzchen an, deren Mütter verschwunden waren, und einmal versuchte sie sogar, vier kleine Schweinchen aufzuziehen.

Eine junge Muttersau hatte die Ferkel verstoßen, aber Mama Anna fand die Kleinen ganz entzückend und legte sich gleich hin, um sie zu säugen. Nun haben aber Schweinebabys im Gegensatz zu jungen Hunden viele scharfe Zähnchen, mit denen sie unangenehm zwicken können. Mama Anna hielt trotzdem durch, bis die Ferkel bei einer anderen Muttersau in Pflege gegeben werden konnten. Damit rettete sie den Schweinchen das Leben.

Dick King-Smith und Anita Jeram

Geschenk für den Vogel

Nach dem Herbst kam der Winter ins Land. Der Schnee deckte alles zu. Das Holz lag unter dem Dach, und dann … ging der alte Popov auf den Vogelmarkt. Er hat einen Vogel gekauft. Einen grauen. Einen Hänfling 📖 . Markt war im Dorf. Der alte Popov zog seine Pelzjacke an, denn es war kalt. Setzte seine Pelzmütze auf und machte sich auf den Weg. Über die Felder, durch den Schnee, in das Dorf und auf den Markt. In jedem Jahr zu dieser Zeit … stand auf dem Markt immer an der gleichen Stelle ein Vogelhändler. Er hatte fast hundert Käfige aufgestellt. In manchen nur einen Vogel, in manchen mehrere. Und sie flatterten und wollten sich befreien, keiner sang.
Es war so kalt.
Der alte Popov stand lange vor den Käfigen. Er guckte jedem Vogel ins Gesicht, denn an den Augen konnte er erkennen, welchen Vogel er kaufen würde.
„Was ist denn mit dem da?“, fragte er den Vogelhändler.
Denn da saß ein kleiner, grauer, kümmerlicher Vogel auf dem Boden in einem kleinen Käfig. Er schaute vor sich hin und bewegte sich nicht. Wie tot.
„Hänfling“, sagte der Vogelhändler. „Singt nicht, piepst nicht, rührt sich nicht vom Fleck, kriegen sie für einsfünfzig mit Käfig. Der Käfig ist noch stabil wie neu. Für den Vogel keine Garantie 📖 .“
„Käfig hab ich selber“, sagte der alte Popov, denn Käfige konnte er machen. „Was kostet er ohne?“ „Neunzig“, sagte der Vogelmann.
Das passte genau, denn neunzig hatte Popov. Er hatte einen kleinen Käfig aus Holz unter der Jacke.

„Nehm ich“, sagte er, und der Vogelmann nahm den Hänfling heraus und steckte ihn in den Holzkäfig.

„Aber ohne Garantie. Das sag ich noch mal.“

Der alte Popov steckte den Käfig wieder unter die Jacke, damit der Vogel nicht fror und ging nach Hause.

Unterwegs blieb er von Zeit zu Zeit stehen und pustete warme Luft in den Käfig. Nahm ein paar Sonnenblumenkerne aus der Tasche, biss sie auf und legte sie dem Vogel vor den Schnabel. Aber er fraß nicht.

Zu Hause stellte er den Käfig auf den Tisch. In der Stube war es warm. Er gab dem Vogel Wasser, und bald trank er etwas. Aß etwas. Dann wurde es Abend, und die beiden saßen neben dem warmen Ofen. Der Vogel hatte sich wieder aufgewärmt und sang sogar etwas, aber er wollte hinaus. Ein Vogel ist zum Fliegen da. Und als die Nacht kam, nahm der alte Popov den Käfig, trug ihn vor die Tür, machte ihn auf und schenkte dem Vogel seinen Wald zurück. Der Vogel flog nicht hinaus in den Wald. Er flog nur aus dem Käfig und schlief unter dem Dach noch bis zum nächsten Tag. In dieser Nacht träumte der alte Popov vom Himmel und dass der Vogel ein Stern war.

Janosch

- Wie hat sich der Vogel wohl in den verschiedenen Abschnitten seines Lebens gefühlt?
- Erzähle die Geschichte aus seiner Sicht.

Rabe und Pfauen

Dem Raben kam zu Ohren, dass die Pfauen ein großes Fest feiern wollten, und er wünschte sich sehnlichst, teilnehmen zu können. Er wusste aber genau, dass die schönen Vögel keine schlichten schwarzen Raben zulassen würden.

So zerbrach er sich den Kopf nach einem Ausweg. Da sah er im Geflügelhof die Federn liegen, die den Pfauen nach der Mauser ausgefallen waren, und er beschloss, sich damit zu verkleiden und der Festgesellschaft ein Schnippchen zu schlagen.

Der eitle Rabe stand stunden- und stundenlang vorm Spiegel und putzte sich mit den Pfauenfedern auf. Schließlich war er mit seinem schillernden Gefieder zufrieden und sagte: „Ich bin genauso schön wie die prächtigen Pfauen, viel zu schön, um mich noch mit schäbigen Raben abzugeben!“

Er wandte seinen alten Freunden hochmütig den Rücken und spazierte zum Festsaal.

Im ersten Augenblick waren alle Gäste von dem stattlichen Rad des Raben beeindruckt. Doch dann entdeckten sie den Betrug, und sie pickten und hackten nach der Verkleidung und rissen und rupften ihm im Nu die gestohlenen Federn aus dem schwarzen Schwanz.

So stand der Rabe dumm und dämlich da und schlich sich nackt und verhöhnt aus dem Festsaal. Was blieb ihm anderes übrig, als zu den verratenen Freunden zurückzukehren?

Die aber verspotteten ihn und kreischten: „Man soll sich nicht mit fremden Federn schmücken!“

Aesop

Der Adler und der Rabe

Ein Adler wollte einmal eine Nuss mit seinem Schnabel aufhacken. Da kam ein Rabe angeflogen und ließ sich auf einem Ast neben ihm nieder.

Voller Verlangen betrachtete er die Nuss. „So wie du es anstellst, wird nie etwas draus“, sagte der Rabe. „Wenn ich du wäre und so hervorragend fliegen könnte, würde ich ganz hoch fliegen. So hoch, wie es nur geht. Dann würde ich die Nuss einfach fallen lassen. Nur so wirst du an den Kern kommen.“

Dieser Vorschlag leuchtete dem Adler ein. Er stieg empor und flog so hoch, dass er nur noch als winziger Punkt am Himmel zu sehen war. Dann ließ er die Nuss fallen. Darauf aber hatte der Rabe nur gewartet. Rasch sprang er von seinem Ast und schnappte sich seine Beute.

Als der Adler schließlich wieder unten angekommen war, hatte sich der Rabe längst mit der Nuss davongemacht.

Aesop

- Vergleiche die beiden Fabeln. Beachte die Darstellung des Raben.
- Erzählt eine der Fabeln aus der Sicht des Raben.

Der Wolf und die sieben Geißlein

Es dauerte nicht lange, so klopfte jemand an die Haustür und rief: „Macht auf, ihr lieben Kinder, eure Mutter ist da und hat jedem von euch etwas mitgebracht.“ Aber die Geißlein hörten an der rauen Stimme, dass es der Wolf war. „Wir machen nicht auf“, riefen sie, „du bist unsere Mutter nicht, die hat eine feine und liebliche Stimme, aber deine Stimme ist rau; du bist der Wolf.“

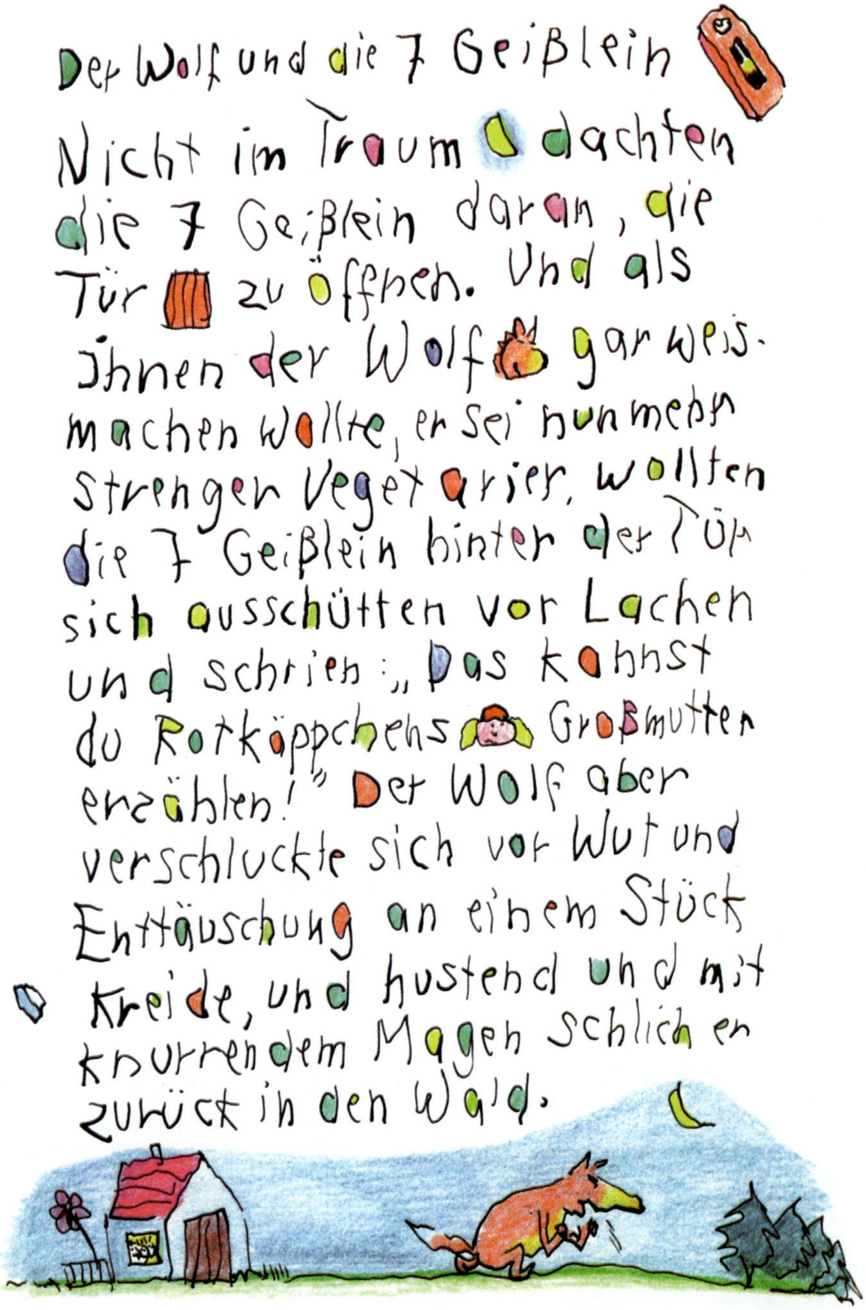

Klaus Puth

Yannick aus der 3b hat das folgende Märchen geschrieben:

Die Welt der veränderten Märchen

Es war einmal ein ganz normaler Tag in der Welt der veränderten Märchen. Der Prinz mit dem Motorrad fährt an dem 5680 m hohen Hochhaus vorbei. Er sieht im 33. Stock Rapunzel. Sie lässt ihr Haar herunter und der Prinz zieht sich hoch. Auf einmal fällt der Prinz, der übrigens Hans heißt, von dem Hochhaus, weil er sich nicht mehr am Haar festhalten konnte. Aber unten stehen schon Däumelinchen und Dornröschen von der Feuerwehr mit dem Sprungtuch. Hans fällt hinein, bedankt sich und fährt weiter. - Auf einmal kommt die böse Hexe geflogen und entführt den Prinzen. Der schreit: „Hilfe!" Da bekommt die Hexe Ohrenschmerzen und wirft den Prinzen runter. Der bricht sich die Arme. Bei der Landung der Hexe ist Schneewittchen Fluglotse. Schneewittchen bietet der Hexe einen Apfel an. Sie isst ihn und stirbt. An dem Tag macht Aschenputtel den Führerschein und die sieben Geißlein jagen, weil sie nichts zu essen haben, den Wolf. Und wenn sie nicht gestorben sind ...

- Welche Märchen erkennst du wieder?
  Was wurde verändert?

Der Junge, der auf dem Delfin ritt

Marius wohnte bei seinen Eltern in einer Fischerhütte weit weg vom Dorf, auf der anderen Seite der Bucht. Um zu Fuß in die Schule zu laufen, musste er eine Stunde gehen. Das war ihm meistens zu lang. Lieber schwänzte er die Schule und ging stattdessen schwimmen.

Eines Tages berührte er beim Schwimmen mit dem Fuß eine giftige Qualle. Innerhalb weniger Sekunden war das ganze Bein wie gelähmt. Es tat furchtbar weh und Marius konnte sich nur mit Mühe über Wasser halten. Verzweifelt versuchte er, zurück zum Ufer zu schwimmen. Marius war ein sehr guter Schwimmer, der gerne ziemlich weit rausschwamm. Aber jetzt hatte er starke Schmerzen im Bein. Zum ersten Mal, seitdem sich Marius erinnern konnte, hatte er Angst im Meer. Die Wellen schwappten ihm ins Gesicht, er schluckte salziges Meerwasser und musste husten. Seine Kräfte ließen nach. Lange würde er nicht mehr schwimmen können. Ob er es zum Ufer schaffen würde?

Plötzlich spürte er einen festen, glatten Körper unter sich. Marius erschrak. Es war ein Delfin. Seine Eltern und die anderen Fischer im Dorf töteten diese Tiere, wo immer sie konnten. Denn die Delfine, sagten sie, fräßen ihnen die Fische weg. Marius fürchtete sich vor dem starken Tier. Aber der Delfin war sanft und freundlich. Er stupste den müden und verängstigten Jungen aufmunternd an. „Er will mit mir spielen, bevor er mich frisst!“, dachte Marius, „aber ich werde um mein Leben kämpfen!“ Er packte den Delfin an der Rückenflosse ... Da geschah das Wunderbare. Der Delfin tauchte nicht weg, sondern schwamm langsam zum Ufer. Marius hielt sich einfach nur fest und ließ sich durch das Wasser tragen. Kurze Zeit später hatte er wieder festen Boden unter den Füßen.

Von dem Strand aus war es zum Glück nicht weit zur Straße, wo ein Fischer aus dem Dorf Marius auflas und ihn nach Hause brachte.

Als er seinen Eltern die ganze Geschichte erzählte, schimpften sie. Erst hatte er die Schule geschwänzt, sich dann beim Schwimmen in Gefahr gebracht und jetzt erzählte er auch noch Lügen!

Marius wollte seinen Retter unbedingt wieder sehen. Sobald er wieder richtig laufen konnte, lief er im Morgengrauen zum Strand. Er hatte einen kleinen Korb voller Fische mitgenommen. Schon von weitem sah er den Delfin in der Bucht schwimmen und aus dem Wasser springen. Marius watete ins Wasser und warf ihm Fische zu. Der Delfin war ganz zutraulich und schien sich zu freuen, Marius zu sehen. Schließlich musste Marius gehen, wenn er nicht zu spät in die Schule kommen wollte.

Von da an besuchte Marius seinen Freund jeden Morgen auf dem Weg zur Schule. Der Junge und der Delfin schlossen Freundschaft und bald durfte Marius auf dem starken freundlichen Delfin sogar reiten.

Eines Tages, auf dem Heimweg von der Schule, hatte er eine Idee. Um zu beweisen, dass er nicht gelogen hatte, wollte er einfach auf dem Delfin zur Schule reiten. Gedacht – getan. Am nächsten Morgen ging Marius nicht zu Fuß zur Schule wie sonst, sondern ritt auf seinem Freund, dem Delfin. Das gab natürlich einen großen Menschenauflauf, als Marius aus dem Wasser stieg. Seine Mitschüler beneideten ihn glühend um seinen Delfinfreund. Nun konnte keiner mehr bezweifeln, dass der Delfin Marius vor dem Ertrinken gerettet hatte.

Die Fischer im Dorf sind jetzt viel freundlicher zu allen Delfinen geworden. Und wenn sich ein Delfin im Fischernetz verfängt, lassen sie ihn sofort wieder frei.

Norbert Landa

Der Delfin

Der Delfin gehört zur Familie der Wale. Da Delfine Zähne haben, zählen sie zu den Zahnwalen. Die zwei Brustflossen nennt man Flipper. Die Rückenflosse heißt Finne. Delfine erkennt man an der waagrechten Schwanzflosse, genannt Fluke. Damit können sie besonders schnell schwimmen. Obwohl Delfine aussehen wie Fische, sind sie Säugetiere. So bringen sie lebende Junge zur Welt. Ein Delfinjunges nennt man Kalb. Delfine müssen wie die Menschen Luft zum Atmen holen. Dazu schwimmen sie regelmäßig an die Wasseroberfläche. Auf ihrem Kopf ist in der Mitte ein Blasloch. Sie öffnen es beim Auftauchen und stoßen die verbrauchte Luft aus. Anschließend atmen sie frische Luft ein und verschließen das Loch beim Abtauchen. Delfine ernähren sich von kleinen Fischen, Krebsen, Muscheln und Tintenfischen. Die meisten Delfinarten leben in salzigen Ozeanen. Delfine können 30 bis 40 Jahre alt werden.

Gegenwart und erste Vergangenheit

sie setzte	ich hoffe	es fiel	wir packen	ihr schmeckt
er floss	ich vergaß	du denkst	es goss	sie sagten
wir begannen	ich holte	du verlierst	er riss	sie kriecht

1. Übertrage die Tabelle in dein Heft und ordne die Tunwörter in die richtige Spalte ein. Ergänze nun das Tunwort in der anderen Zeitform.

Gegenwart	1. Vergangenheit
sie setzt	sie setzte

Wörter mit ck

Glockenrose	Dornenschnecke
Weinbergmücke	Heckenspatz
Grashecke	Dreckblume

2. Schreibe die zusammengesetzten Namenwörter richtig auf.

-cke-	Bä-	-rei	
-glo-	Kir-	-cke	-chen-
-ta-	Ja-	-sche	-cken-
-cke	-flo-	Schnee-	

Fli-	-de-	-cken-	-cke
-lei-	Strick-	-ter	
-cker-	-stan-	Zu-	-ge
-pa-	Ver-	-ckung	

3. Bilde aus den Silben Wörter mit ck. Schreibe sie mit Begleiter auf.

ÜBUNGEN

Die verschiedenen Zeiten

Gegenwart	1. Vergangenheit	2. Vergangenheit
...	...	ich bin gestolpert
er malt	...	...
...	...	sie hat gerufen
...	wir schrieben	...
ihr rennt	...	...
...	sie lachten	...

1. Übertrage die Tabelle in dein Heft.
   Ergänze die fehlenden Zeitformen.

Mütterliche Fürsorge

Eine junge Amsel fällt aus dem Nest.
Marie findet sie am nächsten Morgen.
Sie fasst den Vogel nicht an.
Leise schleicht sie hinter die Mauer
und beobachtet das Tierchen.
Nach einiger Zeit erscheint die Amselmutter.
Sie schaut sich nach allen Seiten um.
Sie sieht Marie nicht.
Nun füttert die Amsel ihr Junges mit Würmern.
So rettet sie das Jungtier.

2. Marie erzählt ihrer Freundin von dem Erlebnis.
   Erzähle in der zweiten Vergangenheit:
   Eine junge Amsel ist aus dem Nest gefallen.

3. Am Abend schreibt Marie ihrer Oma.
   Schreibe den Text in der ersten Vergangenheit auf:
   Hallo Oma,
   stell dir vor: Gestern fiel eine junge Amsel ...

ÜBUNGEN

Wörter mit tz und wörtliche Rede

Ein Hase nimmt im Restaurant Platz.
Er ruft ▒ ▒ Herr Ober, bitte ein Jägerschnitzel ▒ ▒

In der Hitze schwitzt ein kleiner Goldfisch.
Er meint ▒ ▒ Mama, ich habe solchen Durst ▒ ▒

Eine Katze putzt sich auf einer schmutzigen Mülltonne.
Plötzlich kommt eine Spitzmaus vorbei.
Die Katze stutzt und sagt ▒ ▒ Hast du mal ein paar Mäuse für mich ▒ ▒

Zwei Schafe schwatzen. Ruft das eine Schaf ▒ ▒ Mäh ▒ ▒
Da antwortet das andere patzig ▒ ▒ Mäh doch selbst ▒ ▒

1. Schreibe die Witze ab. Ergänze die fehlenden Satzzeichen und die Zeichen für die wörtliche Rede.
2. Unterstreiche alle Wörter mit tz.
3. Ordne die Wörter nach dem Abc.

Zusammengesetzte Wiewörter

gelb

scharf

nass

rot

klar

hübsch

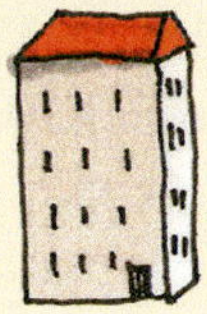
hoch

blank

4. Finde die zusammengesetzten Wiewörter.
Schreibe so: *die Zitrone + gelb = zitronengelb*

ÜBUNGEN

Mama Anna S.138

Weshalb glauben die Besitzer von Anna zuerst,
ihr Dackel sei stocktaub?

Weshalb bekam der Hund den Namen Mama Anna?

Um welche Tierbabys hatte sich Mama Anna
schon gekümmert?

Weshalb mussten die Ferkel dem Dackel
weggenommen werden?

1. Beantworte die Fragen in Sätzen.
   Gib die Zeilen an, in denen du die Antworten findest.

Geschenk für den Vogel S.140

Nach dem Herbst kam ░░░ Winter ins Land.

Er hat einen ░░░ gekauft.

Der alte Popov ░░░ lange vor den Käfigen.

Denn da saß ein kleiner, grauer, kümmerlicher Vogel
auf dem Boden ░░░ ░░░ kleinen Käfig.

Er hatte einen kleinen ░░░ aus Holz unter der Jacke.

Er gab dem Vogel Wasser, ░░░ bald trank er etwas.

In dieser Nacht ░░░ der alte Popov ░░░ ░░░
und dass der Vogel ein Stern war.

2. Schreibe die fehlenden Wörter hintereinander auf.
   Sie ergeben einen Lösungssatz.

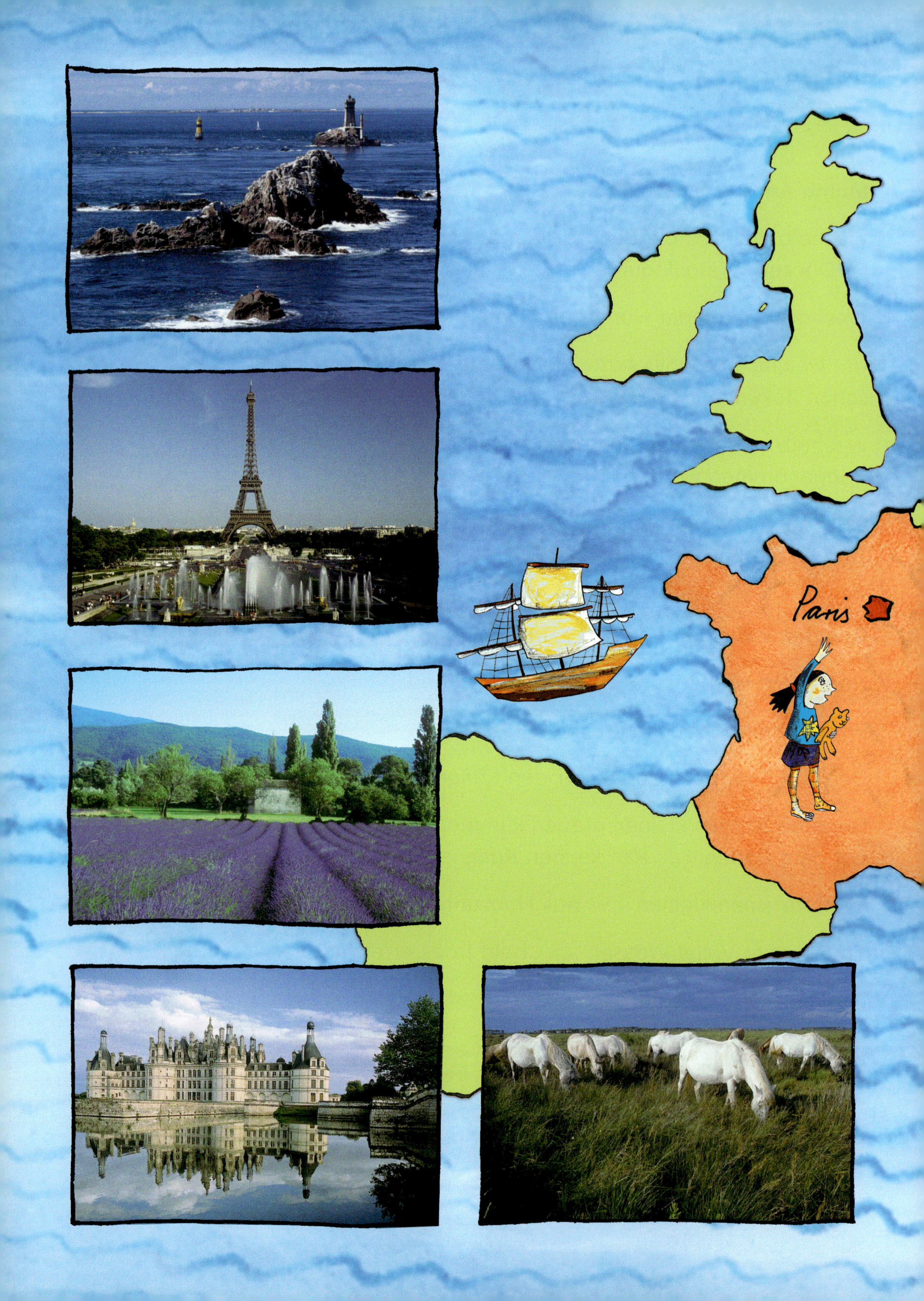
Paris

In anderen Ländern

Der Brief

Pauls Schwester Lena ist für sechs Monate in Frankreich. Sie schreibt:

> Hallo Paul,
> jetzt bin ich schon seit sechs Wochen in Paris. Vieles ist anders als in Deutschland. Man sagt „Bonjour" für „Guten Tag" und „Bon soir" für „Guten Abend" – es sprechen eben alle französisch! Auch das Essen ist anders. Warmes Essen gibt es erst abends. Die Schule dauert von 8.30 Uhr bis 17.00 Uhr. Mittags haben wir eine Essenspause. Gestern habe ich mit den Kindern meiner Gastfamilie einen Aprilfisch gebastelt. Den kann man den anderen am 1. April heimlich auf den Rücken heften. Wenn der andere ihn bemerkt, ruft man „Poisson d'avril!". Das heißt Aprilfisch. Es ist so ähnlich wie unser „April, April!". Schreib doch bald mal.
> Gruß und Kuss, jetzt ist Schluss. Deine Lena

1. Schreibe auf, was du in dem Brief über Frankreich erfährst.
2. Vergleiche die Grußformeln in Deutschland und Frankreich.
3. Welche Grußformeln aus anderen Ländern kennst du noch?

Weitere französische Wörter findest du auf S.165.

Kuss anders Deutschland ähnlich

Ausflüge

In den Ferien hat Paul Lena in Paris besucht. Er erzählt:

„Wir haben viele Ausflüge gemacht. An einem Tag sind wir ins Museum gegangen und haben Bilder von bekannten Malern gesehen. Danach haben wir uns ein langes Weißbrot und Wasser gekauft und unter einer Brücke ein Picknick gemacht. Dabei haben wir den Künstlern zugesehen, die dort ihre Bilder gemalt haben.
Einmal sind wir auf den Eiffelturm hinaufgefahren.
Wir haben auch ein Schloss an der Loire besichtigt.
Einen ganzen Tag haben wir in Disneyland verbracht."

1. Welchen Ausflug von Paul hättest du gern mitgemacht? Begründe deine Antwort.
2. Wie wirkt die Welt wohl vom Eiffelturm aus? Beschreibe die Menschen, die Straßen … Du kannst es auch aufschreiben.
3. Setze den Text in die erste Vergangenheit. Schreibe so:
   Wir machten viele …

Über den französischen Maler Henri Rousseau erfährst du etwas auf S.166.

Ferien Brücke

In Disneyland

Am Dienstag waren Paul und Lena in Disneyland. Was es da alles zu sehen gab! Am Eingang trafen sie Micky Maus. Er war riesig! Dagobert war gerade damit beschäftigt, Tick, Trick und Track mit einem Besen über eine Wiese zu jagen. Auf dem Gras saß Pinocchio mit seiner langen Nase und versuchte, nicht zu niesen.
Dann machten Paul und Lena mit einer Achterbahn eine rasante Fahrt. Sie sausten so schnell, dass Paul bunte Kreise sah.
Aber ein Eis konnte er hinterher trotzdem schlecken.

1. Schreibe den Text ab. Unterstreiche alle Wörter mit s.
2. Sprich die Wörter mit s deutlich aus.

Vor einem Selbstlaut (Vokal) klingt das s stimmhaft:
lesen, Wiese, Nase.

3. Ordne die Wörter mit s in eine Tabelle.

stimmhaftes s	stimmloses s
sehen	Dienstag

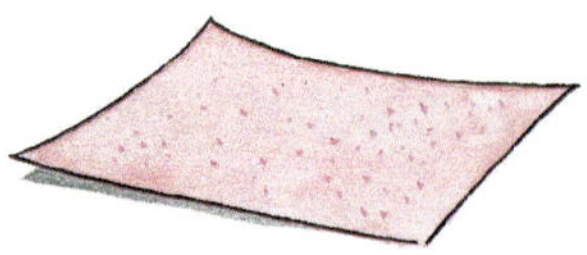

Eine Radtour

Paul erzählt:
„Wir haben viele Ausflüge gemacht. Einmal sind wir aufs Land gefahren und haben uns Fahrräder geliehen. Den Proviant haben wir in den Satteltaschen verpackt. Dann ist Lena vorsichtig voraus gefahren. Obwohl nur wenig Verkehr war, hat uns ein Auto die Vorfahrt genommen. Einmal bin ich gestürzt und habe Lena fast verloren. Zum Glück habe ich mich nicht verletzt. Nur meine Hose war vollkommen verschmutzt. Schließlich haben wir ein paar Blumen gepflückt. Aber in die Vase haben wir sie nicht mehr gestellt, weil sie auf unserem Rückweg in der Sonne verwelkt sind."

1. Hast du auch schon einmal eine Radtour gemacht? Erzähle.
2. Übe den Text als Diktat.
3. Unterstreiche alle Wörter mit V, v in deinem Text.
4. Lies die unterstrichenen Wörter laut. Was fällt dir auf?
5. Ordne die unterstrichenen Wörter nach dem Abc.

vorsichtig Vorfahrt verschmutzen verletzen Vase

In einem Schloss

Die Loire ist ein Fluss in Frankreich, an dem viele alte Schlösser liegen. An einem heißen Tag besuchten Paul und Lena ein Schloss. Eine lange Straße führte dorthin. Lena und Paul schwitzten. Als sie das Schloss erreichten, hielten sie erst einmal die Füße ins Wasser. Danach gingen sie in einen großen Saal. Auf den Stühlen lagen rote Kissen. An der Wand hingen Teppiche. Ein Bild zeigte einen alten Mann mit einer weißen Halskrause, der auf einem Sessel saß. Die Schlossküche war noch rußig. „In Küchen bekomme ich immer ein bisschen Hunger“, sagte Paul. „Dann lass uns draußen was essen“, schlug Lena vor.

1 Warst du schon einmal in einem Schloss?

2 Im Text findest du Wörter mit ss und ß. Trage sie in eine Tabelle ein.

Bei einem stimmlosen s-Laut steht nach kurz gesprochenem Selbstlaut (Vokal) oder Umlaut ss, nach lang gesprochenem Selbstlaut, Umlaut oder Doppellaut steht ß.

grü_en	wi_en	na_	Kü_e	bü_en

3 Schreibe die Wörter ab und setze ss oder ß ein. Markiere, ob der Selbstlaut oder Umlaut lang oder kurz gesprochen wird.

Fluss Stuhl Hunger

Bei Mona Lisa

In Paris gibt es ein weltbekanntes Museum, den Louvre. Viele Millionen Menschen besuchen ihn jedes Jahr. Dort hängt ein sehr berühmtes Bild. Es zeigt eine wunderschöne Frau, die Mona Lisa.
Ihr geheimnisvolles Lächeln bewegt die Fantasie der Menschen sehr. Jeder bleibt vor dem Bild stehen und glaubt, dass sie genau ihm zulächelt. Aber man fragt sich auch, ob Mona Lisa überhaupt lächelt. Gemalt wurde dieses Meisterwerk von Leonardo da Vinci 📖. Er lebte von 1452 bis 1519 in Italien.

1. Was meinst du? Lächelt Mona Lisa?
2. Schreibe alle Tunwörter mit bt, gt heraus und bilde dazu die Grundform. Schreibe so: *gibt – geben, …*
3. Sprich die Wörter deutlich. Was fällt dir auf?

Ob ein Tunwort mit g oder k, mit b oder p geschrieben wird, hörst du, wenn du die Grundform bildest.

schrei_t	trä_t	dan_t	kla_t

trei_t	hu_t	schrau_t	glau_t	wa_t
sin_t	trin_t	drän_t	hän_t	versen_t

4. G/k oder b/p? Bilde die Grundform der Tunwörter. Schreibe sie dann richtig auf.

Auf dem Eiffelturm

Am letzten Tag waren Paul und Lena auf dem Eiffelturm. Er wurde von Alexandre Gustave Eiffel zur Pariser Weltausstellung 1889 gebaut. Der Turm ist mit Antenne 324 m hoch.

An bunten Plakatwänden vorbei wanderten die beiden zu den Fahrstühlen. Viele Touristen wollten nach oben fahren. Oben war es leider ziemlich stürmisch. Lena sagte: „Ich glaube, der Turm schwankt hin und her." Sie war ganz blass.

„Das steht doch auch im Prospekt :
Bei kräftigem Wind bewegt er sich um 6 bis 7 cm. Aber schau mal runter: Alles ist so klein wie im Spielzeugladen!", antwortete Paul. Aber Lena wollte lieber wieder nach unten.

1. Was erfährst du über den Eiffelturm? Schreibe Stichpunkte auf.
2. Suche dir einen Ort oder eine Sehenswürdigkeit aus, die du beschreiben willst. Notiere dir Stichpunkte.
3. Beschreibe den Ort oder die Sehenswürdigkeit deinen Mitschülern. Bilde zu jedem Stichpunkt einen Satz. Schreibe die Sätze auf.

Münchner Frauenkirche
- erbaut 1468 bis 1525
- Backsteinbau
- lange, schmale Fenster
- zwei Türme mit kugeligen Kuppeln
- 22 Pfeiler im Kirchenraum
- im 2. Weltkrieg stark beschädigt
- 1993 Wiederaufbau abgeschlossen

Auch Felix war schon auf dem Eiffelturm S.168.

bauen stürmisch kräftig

Die französische Atlantikküste

Paul und Lena haben im Bücherregal ein Buch über die französische Atlantikküste gefunden: Mit dem Wanderrucksack kann man da den ganzen Tag an der Küste entlang laufen. In Küstennähe stehen viele Leuchttürme. Die Brandung und das Wasserrauschen sind dort sehr laut. In den Restaurants der ruhigen Stranddörfer kann man sich leckere Gerichte aussuchen. Die Rezepte dafür werden aber niemals verraten. „Wir versuchen, unsere Eltern zu überreden, dass wir dort einmal Urlaub machen", schlägt Lena vor, während sie das Buch zurückstellt.

1. Schreibe alle zusammengesetzten Namenwörter heraus.
2. Markiere den letzten Buchstaben des ersten Wortes und den ersten Buchstaben des letzten Wortes. Schreibe so: *Atlantikküste*
3. Was fällt dir auf?

Bei Wörtern, die aus mehreren Wortteilen bestehen, können zwei gleiche Buchstaben zusammentreffen. Um das Wort richtig zu schreiben, zerlege es in seine Bestandteile: Atlantikküste = Atlantik + Küste

abbrechen	beenden	verrotten	enttäuschen

4. Warum treffen hier zwei gleiche Buchstaben aufeinander?
5. Finde drei weitere Beispiele (Tunwörter) im Text.

Urlaub ruhig niemals während

Tour de France

Jährlich findet ein großes Radrennen in Frankreich statt, die Tour de France. Die Radfahrer legen zwanzig lange Etappen zurück. Das ist sehr anstrengend. Manchmal müssen sie hohe und steile Passstraßen überwinden. Dann denken sie nur noch daran, wann sie endlich oben sind. Links und rechts an den Straßen stehen Menschen dicht gedrängt auf Stühlen und Bänken und winken ihnen zu. Der Beste der Gesamtwertung bekommt das gelbe Trikot und einen Kuss. Manchmal bringen Kinder ihm einen Blumenstrauß.

1. Was erfährst du über die Tour de France? Erzähle. Sammle weitere Informationen dazu.
2. Erkläre, warum das Wort „Passstraßen“ mit sss geschrieben wird.

Bett	Satz	Schrott	Flasche	Fahrt
Tuch	Plakat	Papp-	Schiff	Imbiss
Schluss	Transporter	Sauerstoff	Stube	

3. Baue zusammengesetzte Namenwörter, bei denen drei gleiche Buchstaben aufeinander treffen.

lang   Pass – Pässe   Bett   links   rechts   Strauß – Sträuße

Tour de France – etwas für dich?

❶ Stelle die Meinungen der Kinder gegenüber.
Wer ist für die Tour de France (pro)?
Wer ist dagegen (kontra)?

❷ Es gibt zwei Kinder, deren Meinungen nicht ganz eindeutig sind.
Sind diese Kinder eher pro oder kontra Tour de France?
Begründe deine Meinung.

❸ Sammelt Argumente pro und kontra Wettkämpfe.

Auch Asterix und Obelix brechen auf zur Tour de France. S.170

Tarte Tatin

- 120 g weiche Butter
- 270 g Zucker
- 1 kg sauere Äpfel
- 180 g Blätterteig

- Form mit Butter ausfetten
- Zucker hineinstreuen

- Äpfel schälen
- Form damit auslegen

- ausrollen
- runde Platte ausschneiden

- Teigplatte auf Apfel
- 40 Minuten bei 220 Grad backen

- vorsichtig stürzen
- Karamell läuft über Kuchen

1. Schreibe das Rezept in ganzen Sätzen auf.
2. Kennst du noch andere französische Rezepte? Erkundige dich.

Mit Sprache spielen

Petit poisson qui tourne en rond,
petit poisson dis-moi ton nom.
Petit poisson qui bouge
petit poisson tout rouge
petit poisson dis-moi ton nom.

Pêcheur Patoche
pêche des poissons.

Fischers Fritze fischte
frische Fische.

Kleiner Fisch, der im Kreis schwimmt,
kleiner Fisch, sag mir deinen Namen.
Kleiner Fisch, der sich bewegt,
kleiner leuchtend roter Fisch,
kleiner Fisch, sag mir deinen Namen.

Henri Rousseau

Henri-Julien Felix Rousseau wurde am 21. Mai 1844 in Laval in Frankreich geboren. Er besuchte ab 1849 die Grundschule und anschließend das Gymnasium. Dieses beendete er mit Auszeichnungen in Zeichnen und Singen. Im Jahr 1869 heiratete er. Von seinen sieben Kindern erreichten nur zwei das Erwachsenenalter.

Im Dezember 1871 fing Henri Rousseau an, bei der städtischen Zollbehörde zu arbeiten. Er kassierte an einer Zollstation am Rande von Paris Abgaben von den Bauern, die ihre Waren auf den Pariser Märkten verkaufen wollten. 1872 begann er zu malen – zunächst nur in seiner Freizeit. 1884 erhielt Henri Rousseau die Erlaubnis, Kopien und Skizzen in den staatlichen Museen von Paris anzufertigen.

Im Jahr 1885 stellte er zum ersten Mal zwei seiner eigenen Bilder öffentlich aus. Bald wurden andere bekannte Künstler, wie Henri de Toulouse-Lautrec und Paul Gauguin auf ihn aufmerksam. Diese erkannten seinen künstlerischen Stil an.

Mit 49 Jahren ließ Henri Rousseau sich pensionieren, um sich ganz auf seine Malerei konzentrieren zu können. Von 1902 bis 1909 unterrichtete er an einer Art Volkshochschule. Dort erteilte er Malkurse.

Henri Rousseau ist einer der bedeutendsten Vertreter der naiven Malerei. In seinen Bildern stellt er traumhafte Fantasien dar, die stets eine ganz besondere Stimmung ausdrücken. Oft zeichnete er wilde Tiere wie Tiger, Affen oder Büffel in einer Dschungellandschaft.
Am 2. September 1910 starb Henri Rousseau in Paris.

- Schreibe das Leben Henri Rousseaus in Stichpunkten auf.

Henri Rousseau, Surpris (Überrascht), 1891

- Das Bild trägt den Titel „Überrascht“. Warum wohl?
- Beschreibe das Bild. Achte besonders auf den Gesichtsausdruck des Tigers.
- Was wird gleich passieren? Erzähle.
- Schreibe eine Geschichte zu dem Bild.

Briefe von Felix

Ein Brief aus Paris ist angekommen:

Sophie steckt den Briefumschlag in ihre Hosentasche, klettert auf den alten Apfelbaum im Garten und beginnt zu lesen.

IN PARIS, IM SEPTEMBER

CHÈRE SOPHIE,
DAS IST FRANZÖSISCH UND ISCH LIEBE FRANKREISCH! ISCH HABE JETZT EINEN KOFFER → , ER IST TRÈS CHIC, SO SAGT MAN HIER. ISCH SEHE MIR NOCH EIN WENIG DIE WELT AN. PARIS IST AUCH NICHT SCHLECHT! ISCH WOHNE IM HOTEL RITZ, DAS IST SEHR ELEGANT. ABER IRGENDWIE SCHEINEN MICH DIE MENSCHEN IM HOTEL UND AUF DEN STRAßEN GAR NICHT ZU BEMERKEN. KOMISCH, NICHT? MIR EGAL, HIER GIBT ES DEN «TOUR D'EIFFEL», DAS IST DER HÖCHSTE TURM, DEN ICH JE GEÖÖSEHEN HABE. ZUM GLÜCK GIBT ES EINEN AUFZUG NACH OBEN. DIE AUSSICHT IST KLASSE, ALLES SIEHT SO KLEIN WIE STREICHHOLZSCHACHTELN AUS – NUR HALT MIT DÄCHERN UND SCHORNSTEINEN.

STELL DIR VOR: DIE LEUTE TRAGEN IHR BROT UNTERM ARM, UND EIN BROT IST SO LANG WIE EIN BESENSTIL. GESTERN HABE ICH MÄNNER GESEHEN, DIE IM PARK MIT KUGELN SPIELEN.
(RICHTIG GROßE MÄNNER – WIE DEIN PAPA!)

GLAUBST DU MIR, DASS ES HIER SOWAS WIRKLICH GIBT?
APROPOS, WIE LÄUFT ES ZUHAUSE?

GRUß UND KUSS

VON FELIX

Hhm, denkt Sophie, wieso ist in Paris alles anders? Plötzlich fällt ihr ein, dass Oma an diesem Nachmittag zu Besuch kommt. Die weiß bestimmt mehr, weil sie schon ganz oft in Frankreich war. „O là là, der Hase ist in Paris", ruft ihre Oma. Dann erzählt sie über das Spiel, von dem Felix geschrieben hat. Boule heißt es und ist in Frankreich sehr bekannt. Gespannt hört Sophie, dass es in Paris eine Zuckerbäckerkirche, breite Einkaufsstraßen, wunderschöne Gärten und sehr alte Kirchen gibt. Dann kramt Oma einen Reiseführer hervor. Sophie blättert darin, und Oma ruft schwärmerisch: „Ach, dort gibt es einfach das köstlichste Essen!" Als Beweis serviert sie zum Abendessen Baguette, Käse und Salat à la Paris.

Und das schmeckt fast ein bisschen wie Ferien in Frankeich. Langsam wird es dunkel, es ist Zeit, schlafen zu gehen. „Bonne nuit", flüstert Oma, als sie zum Gute-Nacht-Sagen hereinkommt. „Weißt du, wie lange die Reise von Felix noch dauert?", fragt Sophie. „Nun, das ist schwer zu sagen", meint Oma. Und fügt nachdenklich hinzu: „Reisende soll man nicht aufhalten." Sophie überlegt: „Heißt das, dass Felix niemals zurückkommt?" Plötzlich hat sie einen dicken Kloß im Hals. „Keine Sorge, zu Weihnachten ist dein Felix bestimmt wieder zu Hause. Da bin ich mir ganz sicher!", sagt Oma leise und gibt Sophie einen dicken Gutenachtkuss. In dieser Nacht zählt Sophie keine Schäfchen, sondern die Tage bis Weihnachten.

Annette Langen/Constanza Droop

Asterix und Obelix – Tour de France

- Wie gelingt es den Galliern, die Römer zu überlisten?

- Vergleiche diese Tour de France mit der, die auf Seite 162 beschrieben ist.

Der kleine Prinz

Ich blieb also allein, ohne jemanden, mit dem ich wirklich hätte sprechen können, bis ich vor sechs Jahren einmal eine Panne in der Wüste Sahara hatte. Etwas an meinem Motor war kaputt gegangen. Und da ich weder einen Mechaniker noch Passagiere bei mir hatte, machte ich mich ganz allein an die schwierige Reparatur. Es war für mich eine Frage auf Leben und Tod. Ich hatte für kaum acht Tage Trinkwasser mit.

Am ersten Abend bin ich also im Sande eingeschlafen, tausend Meilen von jeder bewohnten Gegend entfernt. Ich war viel verlassener als ein Schiffbrüchiger auf einem Floß mitten im Ozean. Ihr könnt euch daher meine Überraschung vorstellen, als bei Tagesanbruch eine seltsame kleine Stimme mich weckte: „Bitte … zeichne mir ein Schaf!“

„Wie bitte?“

„Zeichne mir ein Schaf …“

Ich bin auf die Füße gesprungen, als wäre der Blitz in mich gefahren. Ich habe mir die Augen gerieben und genau hingeschaut. Da sah ich ein kleines, höchst ungewöhnliches Männchen, das mich ernsthaft betrachtete. Hier ist das beste Porträt, das ich später von ihm zuwege brachte. Aber das Bild ist bestimmt nicht so bezaubernd wie das Modell.

Ich schaute mir die Erscheinung also mit großen, staunenden Augen an. Vergesst nicht, dass ich mich tausend Meilen abseits jeder bewohnten Gegend befand. Auch schien mir mein kleines Männchen nicht verirrt, auch nicht halbtot vor Müdigkeit, Hunger, Durst oder Angst. Es machte durchaus nicht den Eindruck eines mitten in der Wüste verlorenen Kindes, tausend Meilen von jeder bewohnten Gegend. Als ich endlich sprechen konnte, sagte ich zu ihm:

„Aber … was machst denn du da?“

Da wiederholte es ganz sanft, wie eine sehr ernsthafte Sache:

„Bitte … zeichne mir ein Schaf …“

Wenn das Geheimnis zu eindrucksvoll ist, wagt man nicht zu widerstehen. So absurd es mir erschien – tausend Meilen von jeder menschlichen Behausung und in Todesgefahr –, ich zog aus meiner Tasche ein Blatt Papier und eine Füllfeder. Dann aber erinnerte ich mich, dass ich vor allem Geographie, Geschichte, Rechnen und Grammatik studiert hatte, und missmutig sagte ich zu dem Männchen, dass ich nicht zeichnen könne. Es antwortete:

„Das macht nichts. Zeichne mir ein Schaf."

Also habe ich gezeichnet. Das Männchen schaute aufmerksam zu, dann sagte es: „Nein! Das ist schon sehr krank. Mach ein anderes."

Ich zeichnete. Mein Freund lächelte artig und mit Nachsicht: „Du siehst wohl … das ist kein Schaf, das ist ein Widder. Es hat Hörner …"

Ich machte also meine Zeichnung noch einmal.

Aber sie wurde ebenso abgelehnt wie die vorigen:

„Das ist schon zu alt. Ich will ein Schaf, das lange lebt."

Mir ging die Geduld aus, es war höchste Zeit, meinen Motor auszubauen, so kritzelte ich diese Zeichnung da zusammen und knurrte dazu: „Das ist die Kiste. Das Schaf, das du willst, steckt da drin."

Und ich war höchst überrascht, als ich das Gesicht meines jungen Kritikers aufleuchten sah: „Das ist ganz so, wie ich es mir gewünscht habe. Meinst du, dass dieses Schaf viel Gras braucht?"

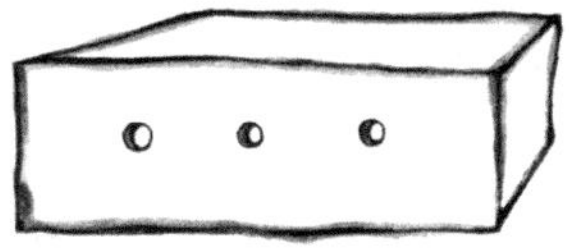

„Warum?"

„Weil bei mir zu Hause alles ganz klein ist …"

„Es wird bestimmt ausreichen. Ich habe dir ein ganz kleines Schaf geschenkt." Er neigte den Kopf über die Zeichnung: „Nicht so klein wie … Aber sieh nur! Es ist eingeschlafen …"

So machte ich die Bekanntschaft des kleinen Prinzen.

Der Schriftsteller

Der Mann, der das Buch „Der kleine Prinz" geschrieben hat, heißt Antoine de Saint-Exupéry.
Er wurde im Jahr 1900 in der französischen Stadt Lyon geboren. Er hat noch weitere Bücher und Geschichten geschrieben.
Im Jahr 1944 stürzte er mit seinem Flugzeug ab.

ÜBUNGEN

Französische Wörter im Deutschen

Croissant	Gelee	Frottee	Picknick	Turnier	Finale
Karambolage	jonglieren	Baguette	Marionette		
Bonbon	Omelett	Lampion	Refrain	Chance	Trikot
Blamage	Manege	Majonäse	Revanche	Tribüne	

1. Welche Wörter kennst du?
   Erkläre, was sie bedeuten.

2. Suche fünf Wörter aus und bilde damit Sätze.

V,v oder F,f ?

●orsichtig	●oll	●ertig	●erlieren	●rieden
●ergessen	●ernseher	●orfahrt	●erien	●ielleicht

3. Schreibe die Wörter richtig auf.

Sammelnamen

Spielzeug	Obst	Sehenswürdigkeiten
Ball	Apfel	Eiffelturm
Puppe Seife	Banane Kohl	Fahrrad Schloss
Roller	Birne	Museum

4. Welches Namenwort gehört nicht zu dem jeweiligen Sammelnamen?

5. Finde Namenwörter, die zu folgenden Sammelnamen gehören:
   Gemüse, Fahrzeuge, Schule

ÜBUNGEN

Tunwörter mit ss und ß

vergrö__ern	verge__en	e__en	sü__en
la__en	wi__en	gie__en	me__en

1. Schreibe die Tunwörter auf und setze ss oder ß ein. Markiere, ob der Selbstlaut oder Umlaut kurz oder lang gesprochen wird.
2. Bilde mit den Tunwörtern Sätze in der ersten Vergangenheit. Was fällt dir auf?

Namenwörter und Wiewörter mit ss und ß

Ru__	Ga__e	Wa__er	Fu__
bla__	gro__	Spa__	sü__

3. Schreibe die Wörter auf und setze ss oder ß ein. Markiere, ob der Selbstlaut oder Umlaut kurz oder lang gesprochen wird.

Pudding für Anna?

Anna gießt Milch in den Topf. Die Verpackung wirft sie weg. Da kommt ihr Bruder Felix und fragt: „Hast du schon wieder die ganze Milch verbraucht?“ „Verlass sofort die Küche!“, schreit Anna. „Verschwinde!“ „Du musst nicht gleich die Nerven verlieren!“, antwortet ihr Bruder. Anna schimpft weiter und vergisst die Milch. Plötzlich zischt es am Herd. Die Milch kocht über. Anna reißt den Topf weg und verschüttet die Milch. Fast hätte sie sich verbrannt.

4. Schreibe den Text ab. Unterstreiche alle Wörter mit der Vorsilbe „ver-“.
5. Übe den Text als Diktat.

Tunwörter in der ersten Vergangenheit

sch, l, d → enken

z, d, t → anken

tr, s, w → inken

s, kl, br → ingen

❶ Schreibe die Tunwörter in dein Heft.

❷ Bilde die er-Form.
Schreibe so:
er schenkt, …

❸ Setze die Formen
in die erste Vergangenheit.
Schreibe so:
er schenkt – er schenkte, …

❹ Bilde Sätze mit den Wörtern in der ersten Vergangenheit.

Besondere Wortzusammensetzungen

Laub	Sommer	Blatt	Winter	Reifen	Schalt-
Reise	Tafel	Kinder	Pflege	Rassel	Eltern

ver-	rollen	nähen	über-	ab-	reisen	blasen	an-

❺ Bilde zusammengesetzte Wörter mit gleichem Buchstaben an der Nahtstelle.

Groß- und Kleinschreibung

lenaundpaulwarenimtierparkvonparis.imbärenkäfigwaretwas los!dreiquicklebendigebärenkinderranntenumdiewette.

❻ Schreibe die Sätze richtig auf.

ÜBUNGEN

Briefe von Felix S.168

Und das schmeckt fast ein bisschen wie Urlaub in Frankreich.

Boule heißt es und ist um Paris sehr bekannt.

1. Lies die Geschichte noch einmal durch.
   In welchen Zeilen findest du ähnliche Sätze?
2. Schreibe die richtigen Wörter hintereinander auf.
   Welche Wortgruppe entsteht?

Der kleine Prinz S.172

Ich hatte für kaum acht Tage Trinkwasser mit.
Ich hatte für kaum zehn Tage Trinkwasser mit.

Ich war viel verlassener als ein Schiffbrüchiger
auf einem Floß mitten im Ozean.
Ich war viel einsamer als ein Schiffbrüchiger
auf einem Floß mitten im Ozean.

Ich bin auf die Füße gesprungen,
als wäre der Blitz in mich gefahren.
Ich bin auf die Füße gesprungen,
als wäre der Blitz in mich geschlagen.

Wenn das Geheimnis zu ausdrucksvoll ist,
wagt man nicht zu widerstehen.
Wenn das Geheimnis zu eindrucksvoll ist,
wagt man nicht zu widerstehen.

Mir ging die Geduld aus, es war höchste Zeit, meinen Motor einzubauen.
Mir ging die Geduld aus, es war höchste Zeit, meinen Motor auszubauen.

3. Welche Sätze sind richtig? In welcher Zeile fangen sie an?
   Wenn du die Zeilen addierst, erhältst du als Summe 110.

Das Jahr

Text und Musik: Christa Zeuch

2. Steh'n vier Geschichten drin,
vier Märchen wunderbar.
Das erste spricht vom Zaub'rer Grün,
der grad noch schlafend war.

3. Das zweite spricht ganz bunt,
ihr könnt es selber sehen,
weil alle Farben dieser Welt
im zweiten Märchen stehen.

4. Im dritten Märchen geht
ein stolzer Königsmann,
hat lauter Schmuck in Rot und Gold
und Flammenkleider an.

5. Ist's dir zu still und weiß
im vierten Märchen dann,
so klapp' das Buch ganz einfach zu
und fang' ein neues an.

Herbst

Die Sonne steht tief.
Es ist Herbst.
Die Trauben sind reif.
Es ist Herbst.
Die Blätter an den Bäumen sind bunt,
der Wind kommt und trägt sie davon.
Es ist Herbst.
Lass deinen Drachen steigen!

Bunte Blätter fallen.
Die Tage werden kürzer.
Die Spinne webt ihr Netz am Fenster.
Die Tage werden kürzer.
Im Garten blühen rote Astern.
Endlich können wir Pilze sammeln gehen.
Die Tage werden kürzer.
Wie schön!

Diese Gedichte haben Kinder aus der 3a geschrieben.
Man nennt sie Rondelle.

> Ein Rondell ist ein Gedicht aus acht Zeilen.
> Die 2., 4. und 7. Zeile sind gleich.

- Was bedeutet für dich Herbst?
- Schreibe dazu ein Rondell. Verwende in der 2., 4. und 7. Zeile den Satz „Die Blätter werden bunt“.
- Überlege dir eine Überschrift.
- Du kannst dein Blatt gestalten.

Schnupfenzeit

Ein Schnupfen hockt auf der Terrasse,
auf dass er sich ein Opfer fasse
– und stürzt alsbald mit großem Grimm
auf einen Menschen namens Schrimm.
Paul Schrimm erwidert prompt: Pitschü!
Und hat ihn drauf bis Montag früh.

Christian Morgenstern

Warum bekommen wir Schnupfen?

Viren heißen die Erreger, von denen wir Schnupfen bekommen. Sie lauern überall und kommen zu jeder Jahreszeit vor. Selbst mit einem Vergrößerungsglas kannst du die Viren nicht erkennen, so klein sind sie. Sie gelangen durch die Nase und den Mund in unseren Körper. Sind wir gesund, können sie uns nichts anhaben. Frieren wir aber oder haben nasse und kalte Füße, wird unser Körper geschwächt. Dann haben es die Viren leicht und wir bekommen Schnupfen. Manchmal kommen zum Schnupfen auch noch Husten, Halsweh oder Fieber dazu. Dann sind wir krank.

Lindenblütentee – ein Rezept gegen beginnenden Schnupfen

Zwei Teelöffel getrocknete Lindenblüten mit einer Tasse kochendem Wasser überbrühen und 10 Minuten ziehen lassen, danach abgießen. Ein Teelöffel Honig dazu hilft gegen Halsschmerzen.

frieren   nass

Der kleine Straßenkehrer und die Blätter

Es war Herbst geworden, überall im Land und natürlich auch in der kleinen Stadt, in der es nur fünf Straßen gibt …
Jeden Morgen, wenn der kleine Straßenkehrer eine der fünf Straßen kehrte, schaute er zu den Bäumen hinauf. Noch hingen die gelben, roten und braunen Blätter an den Zweigen. Sie schaukelten im Wind und manchmal schwebte eins auf die Straße hinab. Dann kehrte der kleine Straßenkehrer es auf die Schaufel und damit war der Fall erledigt. Als er aber an einem Montagmorgen die Montagstraße kehren wollte, sah die Sache ganz anders aus. Wohin er auch schaute, tanzten rote, gelbe und braune Blätter durch die Luft.
„Ich muss warten, bis sie heruntergefallen sind", sagte der kleine Straßenkehrer. „Sonst machen sie mir die Straße wieder schmutzig."
Er lehnte den Besen an den Gartenzaun von Nummer 1 und wartete, bis die Montagstraße mit buntem Herbstlaub bedeckt war. Dann krempelte er die Ärmel auf, spuckte zweimal in die Hände und machte sich an die Arbeit. Diesmal lohnte es sich wirklich. Nicht nur der Eimer wurde voll, sondern auch der große Sack, der rein zufällig im Wagen lag.
„Das wäre geschafft", sagte der kleine Straßenkehrer zufrieden. „Es geht doch nichts über Ordnung." Aber er hatte sich zu früh gefreut. Schon wieder fielen braune, rote und gelbe Blätter von den Bäumen. Und die noch an den Zweigen hingen, schwankten bedenklich hin und her. „Ihr bleibt gefälligst oben!", rief der kleine Straßenkehrer und drohte ihnen mit dem

Stadt – Städte schmutzig Bäcker

Finger. „Meint ihr, ich will die ganze Arbeit zweimal machen?“ Als er so mit den Blättern schimpfte, kam der Bäckerjunge vorbei.

„Warum regst du dich auf?“, fragte er. „Die bunten Blätter gehören zum Herbst. Wenn ein paar auf der Straße liegen, stört das keinen Menschen. Es sieht sogar hübsch aus.“

Da schaute sich der kleine Straßenkehrer die Blätter noch einmal genau an. Aber diesmal tat er es nicht mit den Augen eines Straßenkehrers, der für Ordnung sorgt, sondern mit ganz gewöhnlichen Menschenaugen. Und er begriff, dass der Bäckerjunge Recht hatte. „Sie sind wirklich hübsch“, sagte er. „Ich kann sie ruhig bis zum nächsten Montag liegen lassen.“ Dann lächelte er den Bäckerjungen an und ging zufrieden nach Hause.

Eva Marder

- Warum änderte der Straßenkehrer seine Meinung?
- Ihr könnt die Geschichte nachspielen.

Erntedank

Die Ernt’ ist vorbei!
Juchheißa, juchhei!
Die Ernt’ ist vorbei!
Nun wollen wir singen
und tanzen und springen,
Trompeten und Geigen,
sie locken zum Reigen.
Juchheißa, juchhei!
Die Ernt’ ist vorbei!

Heinrich Hoffmann
von Fallersleben

- Lerne das Gedicht auswendig und trage es vor.

Kirchweih

Kirchweih war ursprünglich ein ortsgebundenes Fest, an dem der Weihetag der Kirche gefeiert wurde. Weil „Kirwa“ so schön war, ging man aber auch zu den Kirchweihfesten der Nachbarorte. Die Kirche sah dieses „Kirchweihlaufen“ nicht gerne und so sollten 1870 die vielen Kirchweihfeste durch einen einheitlichen, allgemeinen Kirchweihtag ersetzt werden: Die „Allerweltskirwa“, am dritten Sonntag im Oktober. Natürlich ließen sich die meisten Orte nicht so einfach ihre „Kirwa“ verbieten und feierten nun zweimal: Die eigene als „kloane Kirwa“ und die zweite als „große Kirwa“. Wenn man bedenkt, dass früher die meisten Menschen auf einem Bauernhof arbeiteten, versteht man, warum gerade der Oktober für die „Allerweltskirwa“ gewählt wurde: Die Ernte war schon eingebracht und man hatte endlich Zeit zum Feiern, aber auch genug zu essen, um ein schönes Festessen zu bereiten. Ein Feiertag war für die Menschen damals eine willkommene Abwechslung.

In Großstädten ist dieser Tag kaum von Bedeutung. In Kleinstädten aber, die auch schon einen eigenen Kirchweihtag haben, wird auch heute noch mitgefeiert.

Zu einem Festtag gehörte natürlich ein besonderes Essen: Zur Kirwa war das die „Kirwagans“ oder ein Karpfen, als Nachspeise gab es einen „Kirwakuchen“. Gefeiert wurde mit Kirchweihmusik und „Kirwatanz“. Man kennt bis heute in ganz Bayern verschiedene „Kirwalieder“.

Das Feuer

Hörst du, wie die Flammen flüstern,
knickern, knacken, krachen, knistern,
wie das Feuer rauscht und saust,
brodelt, brutzelt, brennt und braust?

Siehst du, wie die Flammen lecken,
züngeln und die Zunge blecken,
wie das Feuer tanzt und zuckt,
trockne Hölzer schlingt und schluckt?

Riechst du, wie die Flammen rauchen,
brenzlig, brutzlig, brandig schmauchen,
wie das Feuer, rot und schwarz,
duftet, schmeckt nach Pech und Harz?

Fühlst du, wie die Flammen schwärmen,
Glut aushauchen, wohlig wärmen,
wie das Feuer, flackrig-wild,
dich in warme Wellen hüllt?

Hörst du, wie es leiser knackt?
Siehst du, wie es matter flackt?
Riechst du, wie der Rauch verzieht?
Fühlst du, wie die Wärme flieht?

Kleiner wird der Feuersbraus:
Ein letztes Knistern,
ein feines Flüstern,
ein schwaches Züngeln,
ein dünnes Ringeln –
aus.

James Krüss

Winter

Theresa und Florian spielen Nikolaus

Als die Adventszeit gerade begonnen hatte und Florian und Theresa durch die kleine, hübsch beleuchtete Stadt bummelten, sahen sie in einem Schaufenster eine Nikolausmaske.

„Schau mal!“, rief Florian, „Die könnten wir uns kaufen.“

„Und dann?“, wollte Theresa wissen.

„Na, und dann spielen wir Nikolaus. Wir könnten zum Beispiel deine Lehrerin, die Frau Gruber, besuchen und ihr aus einem goldenen Buch vorlesen, was uns an ihr nicht gefällt.“

„Genau! Zum Beispiel, dass die Hausaufgaben zu viel sind und die Sportstunden zu wenig ...!“

„Na, dann mal los!“ Florian schob seine kleine Schwester in den Laden.

Als sie mit der Maske das Geschäft verließen, sagte Theresa: „Aber den Nikolaus, den musst du spielen, ich geh’ höchstens als Krampus. Da brauche ich nichts sagen und muss nur mit der Rute drohen.“

Kaum waren sie zu Hause, suchten sie im Speicher einen alten roten Mantel. Florian schlüpfte hinein und setzte die Maske auf.

Theresa jubelte: „Super! Du siehst echt Klasse aus! Jetzt fehlt bloß noch die Bischofsmütze!“

Schon zog sie goldene und rote Folie aus ihrer Bastelkiste und schnippelte und klebte. Es dauerte nicht lange, da war die Bischofsmütze fertig.

Florian fand noch eine struppige Perücke und einen grauen Mantel im Speicher. „Schau mal! Was hältst du von dem Krampuskostüm?“

Theresa zögerte ein bisschen, bevor sie die Sachen anzog.

„Wenn du dir noch braune und schwarze Farbe ins Gesicht schmierst, siehst du echt aus wie der Krampus!“, grinste Florian.

„Gut! Und nun das goldene Buch!“, rief Theresa voller Eifer.

Die Geschwister machten sich ans Dichten:

„Ja, ja, die Lehrerin Frau Gruber,
schaut manchmal wie ein Grantelhuber.

Beispiel   beginnen   bloß

Die Schüler musst du lieb anschau'n,
dann werden alle dir vertrau'n!"

Am nächsten Tag war es so weit. Die beiden standen vor Frau Grubers Haus. Florian klingelte. Sie mussten nicht lange warten, da ging auch schon die Türe auf und Frau Gruber stand vor ihnen.

„Hür üst dör Nükolaus!", begrüßte Florian die Lehrerin mit tiefer Stimme.

„Grüß Gott! Sie sind ja ganz pünktlich! Also ... ähm ... Moment ... äh ... also, das sind die Säckchen, die Namen stehen drauf und hier habe ich auch die Texte für das goldene Buch!", mit diesen Worten drückte sie Florian einige Blätter und Theresa zwei Nikolaussäckchen in die Hand.

„So, das ist die Tür zum Wohnzimmer. Ich gehe voraus. Poltern sie ruhig recht laut, bevor sie eintreten", und weg war die Frau Gruber.

Florian schien gar nichts zu begreifen. Da packte ihn Theresa am Arm und flüsterte: „He, Florian, die hat einen Nikolaus bestellt, bestimmt für ihre Kinder, und jetzt denkt sie, dass du das bist!"

„Ja, schon, aber was machen wir jetzt?", Florian wäre am liebsten in einem Mauseloch verschwunden. Schon ging die Wohnzimmertüre wieder auf. Frau Gruber blickte durch den Spalt: „Es kann losgehen! Kommen Sie!"

Also wagten sich der Florian-Nikolaus und der Theresa-Krampus hinein. Florian hatte sich inzwischen einigermaßen von dem Schreck erholt. In seiner schönsten Nikolausstimme las er die Gedichte vor, die Frau Gruber für ihre Kinder geschrieben hatte:

„Hür stöht ös ganz gönau zu lösen,
dass ühr nücht ümmer brav göwösen.
Gerauft habt ühr und auch gestrütten.
Döswegen wüll üch euch doch bütten,
dass ühr in Zukunft netter werdet, sonst
sünd die Weihnachtsgöschönke gefährdet.
Räumt eure Zümmer bösser auf,
sonst gübt's eins müt der Rute drauf.
Doch weil ühr auch vül Freude macht,
hab üch euch ein Säckchen mütgebracht."

tief Gott brav Zukunft aufräumen

Geistesgegenwärtig überreichte der Theresa-Krampus die Säckchen und machte ihrem Bruder die tiefe Nikolausstimme nach:
„Hür stöht: Für Tonü! Und hür: Für Üngrüd!“
Die Kinder von Frau Gruber guckten ein wenig vorsichtig, nahmen dann die Säckchen und bedankten sich artig. Auch Frau Gruber selbst sagte, wie sehr sie sich über den Nikolaus gefreut hätte. Da wurde Theresa plötzlich mutig: „Ober wür sünd noch nücht ganz förtig!“
Nun war Florian wieder an der Reihe:
„Hür stöhen auch dü Müssetaten von dör Frau Löhrerin!“, und schon las er vor, was im goldenen Buch geschrieben stand.
Toni und Ingrid grinsten bis hinter die Ohren und stießen sich gegenseitig immer wieder in die Rippen. Sie freuten sich, weil auch ihre Mutter vom Nikolaus so einiges zu hören bekam. Als der Nikolaus aber seinen letzten Satz sagte, prusteten die beiden los:
„Und für die großen, schlümmen Leute
gübt es drei Rutenschläge heute.“
Theresa-Krampus musste vortreten und ihrer Lehrerin drei Schläge mit der Rute verpassen. Natürlich waren das nur ganz leichte Rutenschläge, weil die Frau Gruber eigentlich doch eine sehr nette Lehrerin war. Ingrid und Toni stimmten zum Abschied noch ein Nikolauslied an und begleiteten Nikolaus und Krampus zur Haustüre.
Am Gartentor hatten die Geschwister allerdings noch eine seltsame Begegnung: Kurz bevor sie durch das Tor hinausgingen, kamen zwei Männer in den Garten und stapften auf die Haustüre zu: ein Nikolaus und ein Krampus.
Am nächsten Tag in der Schule aber ließ Frau Gruber alle Kinder ihr Nikolauserlebnis aufschreiben. „Und auf deine Geschichte bin ich besonders neugierig!“, sagte Frau Gruber zu Theresa.

Camilla Kloos

- Hat Frau Gruber etwas bemerkt? Begründe deine Meinung.
- Wie könnte Theresas Nikolausgeschichte aussehen? Erzähle.

Das Gewicht der Schneeflocke

„Es schneit“, sagte der Wolf.
„Was du nicht sagst, Gevatter “, brummte der Bär.
„Mehr als tausend Schneeflocken“, sagte der Fuchs, „aber auf meinem Pelz spüre ich sie überhaupt nicht!“
„Sie schmelzen auf meiner Hasennase“, sagte der Hase, und dann fügte er noch nachdenklich hinzu: „Man spürt sie nicht. Doch sie haben ein Gewicht!“

„Eine Schneeflocke wiegt weniger als nichts“, knurrte der Wolf.
„Und sie hat keine Kraft“, brummte der Bär.
„Aber sie wiegt doch etwas, und sie hat auch Kraft“, sagte der Hase. Die Tiere gerieten in Streit, ob eine Schneeflocke etwas wiegt oder nicht.
„Wir wollen die Schneeflocken zählen, die da auf den alten, dicken Ast fallen“, sagte der Hase. „Da wird man ja sehen, ob eine Schneeflocke Gewicht hat.“
Der Bär und der Wolf lachten so laut, dass es durch den ganzen Wald schallte. Aber weil sie gerade nichts Besseres zu tun hatten, zählten sie mit: „Eins … zwei … drei … vier … fünf … sechs … sieben …“ Als sie bei zweitausendachthundertsiebenundsechzig angekommen waren, sagte es plötzlich „Krach“, und der dicke, mächtige Ast brach ab.
„Der Hase hat Recht“, knurrte der Wolf, und sogar der Bär wunderte sich über die Kraft der Schneeflocke.

Frederik Vahle

- Warum brach der Ast ab?
- Welche Tunwörter für „sprechen“ findest du im Text?
- Lest den Text nun mit verteilten Rollen.

Weihnachten und Zuckerfest

Ich bin jetzt schon über drei Monate in der 3. Klasse. Manchmal finde ich Schule ganz schön anstrengend, aber in der Weihnachtszeit wird es fast kuschelig in unserem Klassenzimmer. Bunte Bilder schmücken die Fenster, gemalte Weihnachtsmänner lachen von den Wänden und über uns glitzern Sterne aus Silber- und Goldfolie. Auf dem Lehrertisch stehen Kerzen.

Jeden Montag feiern wir Advent. Dann stellt unsere Lehrerin, Frau Thiede, ein Adventsgesteck in die Mitte des Morgenkreises und zündet die Kerzen an. Einer von uns darf eine Geschichte vorlesen und anschließend lernen wir ein Weihnachtslied oder ein Gedicht.

„Warum soll ich das Weihnachtsgedicht auswendig lernen? Wir feiern zu Hause gar nicht Weihnachten."

Husseins Bemerkung trifft mich völlig unerwartet.

Natürlich weiß ich, dass Hussein Moslem ist. Doch was heißt das eigentlich? Und wenn er nicht Weihnachten feiert, bekommt er dann auch keine Geschenke?

Ich will gerade fragen, als Frau Thiede sagt: „Du hast Recht. Darüber habe ich noch nie nachgedacht. Ich muss euch etwas anderes aussuchen. Gibt es ein Gedicht zum Zuckerfest?"

Einige Kinder müssen lachen. „Zuckerfest" klingt ja auch komisch.

Dilara und Berkant finden es nicht so witzig. Als Frau Thiede sie fragt, wie sie das Zuckerfest feiern, werden sie sehr gesprächig.

„Wir feiern das Zuckerfest nach dem Fastenmonat Ramadan. Während dieser Zeit dürfen Erwachsene und Jugendliche nichts essen und trinken, solange es hell ist. Sie müssen viel beten und sich mit Feinden versöhnen.

natürlich

Am Tag des Zuckerfestes ziehen wir unsere besten Kleider an und feiern mit der ganzen Familie: Eltern, Geschwistern, Großeltern, Onkeln, Tanten, Cousinen und Cousins.

Auch Freunde dürfen dabei sein.

Wir küssen den alten Leuten die Hände. So zeigen wir ihnen, wie sehr wir sie mögen und verehren. Anschließend bekommen wir Geld und Süßigkeiten. Alle essen zusammen und haben viel Spaß. Gedichte werden aber nicht aufgesagt."

Das ist ja fast wie Weihnachten, denke ich. Und plötzlich verstehe ich, warum Dilara, Hussein, Kübra und all die anderen Kinder meiner Klasse, deren Eltern Moslems sind, nicht Weihnachten feiern: Sie haben eine andere Religion.

In der Pause verrät mir Dilara, dass sie aber trotzdem zu Weihnachten Geschenke bekommt. Ihre Eltern schmücken sogar einen Weihnachtsbaum. Da werde ich fast ein bisschen neidisch. Dilara kriegt also zweimal etwas, einmal zum Zuckerfest und einmal zu Weihnachten, denn nur selten fallen beide Feste auf einen Tag.

Sabine Trautmann

- Welche Feste feierst du? Erzähle.
- Kennt ihr auch Menschen, die aus anderen Ländern kommen? Fragt sie, welche Feste sie feiern.
- Bei uns heißt es: „Fröhliche Weihnachten!" Welche Festtagsgrüße haben andere?

Süßigkeit

Eine Wintergeschichte

Es war einmal ein Mann. Er besaß ein Haus, einen Ochsen, eine Kuh, einen Esel und eine Schafherde. Der Junge, der die Schafe hütete, besaß einen kleinen Hund, einen Rock aus Wolle, einen Hirtenstab und eine Hirtenlampe. Auf der Erde lag Schnee.

Es war kalt und der Junge fror. Auch der Rock aus Wolle schützte ihn nicht. „Kann ich mich in deinem Haus wärmen?“, bat der Junge den Mann.

„Ich kann die Wärme nicht teilen. Das Holz ist teuer“, sagte der Mann und ließ den Jungen in der Kälte stehen. Da sah der Junge einen großen Stern am Himmel.

„Was ist das für ein Stern?“, dachte er.

Er nahm seinen Hirtenstab, seine Hirtenlampe und machte sich auf den Weg.

„Ohne den Jungen bleibe ich nicht hier“, sagte der kleine Hund und folgte seinen Spuren.

„Ohne den Hund bleiben wir nicht hier“, sagten die Schafe und folgten seinen Spuren.

„Ohne die Schafe bleibe ich nicht hier“, sagte der Esel und folgte ihren Spuren.

„Ohne den Esel bleibe ich nicht hier“, sagte die Kuh und folgte seinen Spuren.

„Ohne die Kuh bleibe ich nicht hier“, sagte der Ochse und folgte ihren Spuren.

„Es ist auf einmal so still“, dachte der Mann, der hinter seinem Ofen saß. Er rief nach dem Jungen, aber er bekam keine Antwort. Er ging in den Stall, aber der Stall war leer. Er schaute in den Hof hinaus, aber die Schafe waren nicht mehr da. „Der Junge ist geflohen und hat alle meine Tiere gestoh-

schützen

len“, schrie der Mann, als er im Schnee die vielen Spuren entdeckte.
Doch kaum hatte der Mann die Verfolgung aufgenommen, fing es an zu schneien. Es schneite dicke Flocken. Sie deckten die Spuren zu. Dann erhob sich ein Sturm, kroch dem Mann unter die Kleider und biss ihn in die Haut. Bald wusste er nicht mehr, wohin er sich wenden sollte. Der Mann versank immer tiefer im Schnee.
„Ich kann nicht mehr!“, stöhnte er und rief um Hilfe. Da legte sich der Sturm. Es hörte auf zu schneien, und der Mann sah einen großen Stern am Himmel. „Was ist das für ein Stern?“, dachte er.
Der Stern stand über einem Stall, mitten auf dem Feld. Durch ein kleines Fenster drang das Licht einer Hirtenlampe. Der Mann ging darauf zu. Als er die Tür öffnete, fand er alle, die er gesucht hatte, die Schafe, den Esel, die Kuh, den Ochsen, den kleinen Hund und den Jungen. Sie waren um eine Krippe versammelt. In der Krippe lag ein Kind. Es lächelte ihm entgegen, als ob es ihn erwartet hätte. „Ich bin gerettet“, sagte der Mann und kniete neben dem Jungen vor der Krippe nieder. Am andern Morgen kehrten der Mann, der Junge, die Schafe, der Esel, die Kuh, der Ochse und auch der kleine Hund wieder nach Hause zurück.
Auf der Erde lag Schnee. Es war kalt.
„Komm ins Haus“, sagte der Mann zu dem Jungen, „ich habe Holz genug. Wir wollen die Wärme teilen.“

Max Bolliger

- Lest den Text mit verteilten Rollen.
- Ihr könnt die Wintergeschichte als Schattenspiel nachspielen. Was müsst ihr dafür planen?

Neujahrsansingen

Früher war es für arme Leute eine gute Gelegenheit, sich beschenken zu lassen, wenn sie zu Festtagen Lieder vor den Häusern der Reichen sangen. Auch an Neujahr zogen sie singend und musizierend von Tür zu Tür. Strophen, in denen um Geschenke gebeten wurde, sangen sie ganz besonders laut und deutlich, notfalls sogar mehrere Male!

A gsunds neis Joahr

A gsunds neis Joahr, …
Herr, erhalt auf jeden Fall
Haus und Hof und Hennastall!
A gsunds neis Joahr, …

A gsunds neis Joahr, …
Lasst net ausgeh Wein und Bier
sonst, oh Herr, verdursten mir!
A gsunds neis Joahr, …

A gsunds neis Joahr, …
Suppn, Fleisch und Schnupftawok
an Haufa Geld no drin im Sock!
A gsunds neis Joahr, …

A gsunds neis Joahr, …
Jetzt wünsch' mer enk a glücklich's Leben
werds uns eppa do wos gebn!
A gsunds neis Joahr, …

Lied – Lieder   deutlich

Der Faschingskönig

Was ich euch erzähle, ist nicht erfunden,
sondern wirklich und wahrhaftig geschehen.
Am Faschingssonntag 1932.
In einem Dorf des Böhmischen Erzgebirges.
Nach dem Mittagläuten war's.

Alt und jung spielte verrückt. Das ganze Dorf war auf den Beinen. Männer und Frauen, Jungen und Mädchen tollten zu Fuß, auf Schlitten und Skiern durch den Schnee, schnitten Grimassen und schrien wie die Jochgeier. Ganz Närrische hatten sogar Wickelkinder auf Schlitten gepackt und zogen diese hinter sich her. Selbstverständlich waren alle maskiert (auch die Wickelkinder!), und jeder hoffte, der Hässlichste zu sein. Auf Hässlichkeit kam es nämlich an.

Wer sich am scheußlichsten maskiert hatte, am tollsten sprang und am lautesten schrie, der wurde nach einer Stunde zum Faschingskönig oder zur Faschingskönigin ausgerufen und erhielt als Preis fünfzig Kronen. Für die Erzgebirgler, die meist arme Teufel waren, bedeutete ein Fünfziger eine Menge Geld.

Ein Fabrikant aus der nahen Stadt, dem der seltsame Dorfbrauch gefiel, stiftete diesen Preis seit Jahren. Er selbst, der Lehrer und der Ortspolizist bildeten das Preisgericht. Wenn der Faschingskönig sein Geld eingesteckt hatte, waren jene, die leer ausgingen, keineswegs betrübt. Das tolle Treiben ging bis Mitternacht weiter – jetzt aus Freude am Spaß.

Am Faschingssonntag des Jahres 1932 mussten die Preisrichter nicht lange überlegen. Der Faschingskönig stand fest, kaum dass der Trubel begonnen hatte. Der Mann – offensichtlich ein Fremder – hatte sich so toll hergerichtet, dass der Fabrikant, der Lehrer und der Dorfpolizist sofort begeistert waren. „Für den lege ich zehn Kronen drauf!", schrie der Ochsenwirt, als er den Ausbund an Hässlichkeit erblickte.

Das Bemerkenswerteste an dem maskierten Narren war ein unförmiger Buckel, auf dem ein viel zu groß geratener Kopf saß. Dafür fehlte der Hals. Im Gesicht saßen winzige Augen, eine Kartoffelnase und ein schiefer Mund. Von der Nase hing ein mächtiger Schnauzbart nieder.

„Eine tolle Maske!“, lobte der Fabrikant.

„Der Buckel ist ein Meisterstück!“, schwärmte der Polizist. „Bestimmt hat der Kerl eine ganze Bettdecke unter die Jacke gestopft.“

„Betrachten Sie nur das Gesicht!“, sagte der Lehrer. „Er hat sich so geschickt geschminkt, dass es wie echt aussieht.“

Das fanden auch die Dorfleute, und so war der Bucklige dauernd von einem Schwarm weniger hässlich maskierter Bewunderer umgeben. Den Kindern gefielen vor allem seine ulkigen Sprünge. Der Kauz hüpfte ununterbrochen auf unwahrscheinlichen O-Beinen umher, schlenkerte mit den Armen und quiekte wie ein Spanferkel. Nach einer Stunde bekam er den Preis. Das ganze Dorf klatschte Beifall.

Dann geschah das Unerwartete. Der neue Faschingskönig erklärte, dass er die sechzig Kronen nicht behalten wollte. Er drückte sie dem Ochsenwirt in die Hand. „Schenken Sie Freibier aus, solange das Geld reicht!“, quiekte er fröhlich. Das gab ein Hallo! Einen solchen Faschingskönig ließen sich die Leute gefallen. Das ausgelassene Treiben ging bis Mitternacht weiter, und der Faschingskönig blieb einer der Lustigsten.

Fünf Minuten vor zwölf versammelten sich die erwachsenen Maskierten im großen Saal beim Ochsenwirt. Um Mitternacht musste jeder die Maske abnehmen und sich zu erkennen geben.

Schlag zwölf fielen die Masken. Jeder zeigte sich so, wie er gewachsen war. Bis auf einen. Der Faschingskönig zögerte. Im Saal knisterte die Spannung.

„Sie müssen die Maske abnehmen“, flüsterte der Dorfpolizist dem Buckligen zu. „Die Leute möchten Sie als normalen Menschen sehen.“

Der Faschingskönig schüttelte den Kopf.

„Ich komme von weit her“, sagte er.

„Hier kennt mich ja doch keiner.“

„Trotzdem!“, drängte der Fabrikant.

Der Fremde zuckte die Achseln.

„Na schön“, meinte er, „wie Sie wollen.“ Mit einem Ruck riss er den Schnauzbart und die künstliche Nase ab. Das war alles.

„Waschen Sie die Schminke aus dem Gesicht!“, murmelte der Lehrer.

„Der schiefe Mund und die kleinen Augen …“

„ … sind echt“, unterbrach ihn der Fremde.

„Runter mit dem Buckel!“, riefen die Männer und Frauen.

Der Faschingskönig lächelte. „Tut mir leid, das geht nicht. Der Buckel ist ebenso echt wie mein Kopf und mein Gesicht, und die O-Beine sind es auch. Ich bin als Faschingskönig auf die Welt gekommen und werde es mein Leben lang bleiben."

Da schwand das Lachen aus den Gesichtern. Es wurde still im Saal. Nach einer Weile sprach der Fabrikant. Obwohl er leise redete, drang seine Stimme bis in den letzten Winkel. „Menschenskind, warum haben Sie bloß mitgemacht?"

„Aus Eitelkeit", sagte der Bucklige freundlich. „Ich wollte einmal erleben, wie es ist, wenn unsereiner nicht nur angestarrt, sondern bewundert wird." Er winkte den Leuten zu. „Es war sehr schön, und ich bedanke mich."

Bevor ihn jemand zurückhalten konnte, entwischte er auf seinen unwahrscheinlichen O-Beinen durch die Tür und verschwand in der Nacht.

Josef Carl Grund

reißen schütteln

Frühling

Die Frühlingssonne

Unhörbar wie eine Katze
kommt sie über die Dächer,
springt in die Gassen hinunter,
läuft durch die Wiesen.

Oh, sie ist hungrig! Aus jedem
verborgenen Winkel schleckt sie
mit ihrer goldenen Zunge den Schnee.

Er schwindet dahin wie Milch
in einer Katzenschüssel.
Bald ist die Erde wieder blank.

Die Zwiebelchen unter dem Gras
spüren die Wärme ihrer Pfoten
und beginnen neugierig zu sprießen.

Eins nach dem andern blüht auf.
Schneeglöckchen, Krokus und Tulpe,
weiß, gelb, lila und rot.
Die zufriedene Katze strahlt.

Christine Busta

- Male zu jeder Strophe ein Bild.
- Sammle passende Wiewörter für den Frühling und schreibe sie auf.
- Du kannst ein Elfchen oder ein Rondell über den Frühling schreiben.

Flunkerfranz

Es war einmal ein Hase, der die tollsten Geschichten erfand. Und immer, wenn jemand etwas erzählte, dann wusste er eine Geschichte, die noch ungewöhnlicher und noch aufregender war. Dabei log er das Blaue vom Himmel herunter.

Er log, dass sich einem Schwein der Pelz sträubte und dass sich jedem Huhn die Hörner bogen. Man konnte Flunkerfranz schon von weitem erkennen, weil sein mittleres Ohr etwas länger war als das rechte und das linke. Auch wenn er davonlief, war er nicht zu verwechseln: Er hatte einen hübschen braunweiß karierten Stummelschwanz.

Franz züchtete in seinem Garten Möhren. Die waren so groß, dass er sie mit einem Bagger herausziehen musste. Und das spätestens im April! Sonst wuchsen sie nämlich so tief in die Erde hinein, dass sie auf der anderen Seite der Welt wie Bergspitzen herausbrachen. Aus den Kartoffeln, die an seinen Apfelbäumen wuchsen, bereitete er köstliches Birnenkompott.

Und wenn er auf seiner silbernen Holzflöte spielte, dann fielen vor Schreck die Fische von den Bäumen und die Vögel von den Radieschensträuchern. Ich habe ihn Ostern besucht, da legte er gerade viereckige Ostereier. Siebenhundert Stück. Es war genau die Menge, die in den Kofferraum des gelben Hubschraubers passte, mit dem er geräuschlos zum Eierverstecken flog. Er legte die Eier in die Nester, die die Vögel freundlicherweise für ihn in Bäumen und Büschen gebaut hatten.

Wenn ich es nicht mit eigenen Ohren gesehen hätte, wirklich, ich würde es nicht glauben! Außerdem kann ich einfach nicht verstehen, wie einer so schwindeln kann wie der Flunkerfranz.

Könnt ihr das?

Ich könnte das nie!

Ursel Scheffler

- Nenne Dinge, die in der Geschichte nicht stimmen.
- Du kannst dir auch eine eigene Flunkergeschichte ausdenken.

Rund ums Ei

Viktor und Helena wollen Ostereier anmalen. Da Mutter nur braune Eier im Haus hat, stellen sie enttäuscht fest, dass man die Farbe kaum sieht. Da hat Helena eine Idee.
Sie ruft: „Wir basteln Eierhäschen."
Zuerst bohren sie mit einer Nadel ein kleines Loch in die beiden Enden des Eies. Dann blasen sie die Eier aus. Anschließend schneiden sie aus braunem Karton Ohren und Füße für den Hasen aus.
An die runde Seite der Eier kleben sie die Füße.
Die Ohren werden an die obere Seite geklebt.
Mit einem schwarzen Filzstift malen sie nun die Augen und eine Nase mit Schnurrhaaren auf.
Am Ostermorgen sitzen die Osterhäschen als Überraschung auf dem Ostertisch.

- Kennst du noch weitere Osterbasteleien? Stelle sie der Klasse vor.

Woher kommt das Osterei?
Schon im Mittelalter verschenkte man zu Ostern Eier. Sie galten als ein Symbol für das Leben. Bunte Ostereier kennt man seit ungefähr 200 Jahren.

Roh oder gekocht?
Wenn du nicht weißt, ob ein Ei roh oder gekocht ist, drehe es vorsichtig wie einen Kreisel auf dem Tisch. Das gekochte Ei dreht sich ruhig. Ist es noch roh, wackelt es.

Das Liebesbrief-🥚

🥚n Huhn verspürte große Lust,
unter den Federn in der Brust,
aus Liebe dem Freund,
🥚nem Hahn, zu schr🥚ben,
er solle nicht länger
in Düsseldorf bl🥚ben.
Er solle doch lieber
hier – zu ihr 🥚len
und mit ihr
🥚ne 🥚nsame Stange t🥚len,
auf der sie schlief.
Das stand im Brief.

Wir müssen noch sagen:
Es fehlte ihr an gar nichts.
Außer an Briefpapier.
Da schrieb sie ganz 🥚nfach
und deutlich mit Bl🥚
den Liebesbrief auf ein Hühner🥚.
Jetzt noch mit einer Marke bekleben
und dann auf dem Postamt abgegeben.

Da knallte der Postmann
den Stempel aufs 🥚.
Da war sie vorb🥚.
Die Liebel🥚.

Janosch

- Welche Wörter mit Ei/ei findest du im Gedicht? Schreibe sie in dein Heft.
- Suche im Wörterbuch noch mehr Ei/ei-Wörter.

Sommer

Was ist eine Wiese?

Was ist eine Wiese?
Futter für die Kuh.
Und noch was dazu.
Gras und Blumen, Schmetterlingsflügel.
Bienensummen.
Ameisengekrabbel.
Käfergezappel.
Achtung, Maulwurfshügel!
Margeriten.
Rote Federnelken vor dem blauen Himmel.
Heupferd übt den Weitsprung bis zum Kümmel.
Ein Kamillebusch öffnet zwei Blüten.
Sommerfliegen flitzen
über Storchschnabelmützen.
Hummeln brummeln im Honighaus
ein und aus.
Glockenblumen bammeln und bummeln.
Unten am Löwenzahn geigt eine Grillenschnarre.
Der Wind spielt mit den Halmen Harfe oder Gitarre,
alles regt sich oder bewegt sich,
alles, was da lebt und schwebt,
leuchtet, knistert, flüstert, brummelt, bummelt.
Was ist eine Wiese? –
Das ist eine Wiese.

Friedl Hofbauer

- Welche Tunwörter findest du im Gedicht? Schreibe sie heraus.
- Welche Pflanzen kommen im Gedicht vor?
- Ihr könnt ein eigenes Pflanzenbuch anlegen.

Der Seerosenteich

Claude Monet, Der Seerosenteich, 1899

Das Bild „Der Seerosenteich“ stammt von dem berühmten französischen Maler Claude Monet. Er wurde 1840 in Paris geboren.
In seinem Garten, in Giverny bei Paris, legte er einen Seerosenteich an, in den er viele verschiedene Arten von Seerosen pflanzte. Da Monet die Seerose besonders mochte, malte er sie immer wieder. Durch den Seerosenteich floss ein kleiner Fluss, über den er eine japanische Holzbrücke bauen ließ. Auch diese Brücke hat Monet oft gemalt. Jedes Bild sieht ein bisschen anders aus, je nachdem, wie hoch die Sonne am Himmel stand.
Claude Monet war ein Impressionist. Die Impressionisten malten gern im Freien. Beim Malen kam es ihnen darauf an, das Licht und das Farbspiel einzufangen sowie ihre Gefühle auszudrücken.

- Was empfindest du, wenn du das Bild betrachtest?

fließen

Noch einmal von vorne

Ferdinand steht vor der Wohnzimmertür und zählt. „Eins, zwei, drei, vier… Bei zehn geh ich hinein … neun, zehn, elf, zwölf …“ Ferdinand schaut sich um. „Also bis zwanzig. Dann tu ich’s … dreizehn, vierzehn … Papa wird bestimmt wieder schimpfen … neunzehn, zwanzig … einundzwanzig, zweiundzwanzig … Zum Glück ist Mama da.“ Ferdinand bewegt vorsichtig die Finger seiner linken Hand. Er spürt das Papier. Es ist noch da.

„Und ich muss es ihm zeigen. Deutsch 5, Mathe 5. Nicht versetzt.“ Wieder schaut sich Ferdinand um.

„Ich fang noch mal von vorne an. Eins, zwei, drei … soll er mich doch schimpfen oder auslachen oder verprügeln oder alles zusammen. Ist mir doch egal … acht, neun, zehn!“ Langsam hebt Ferdinand den rechten Arm. Seine Finger umschließen die Türklinke.

„Jetzt tu ich’s. Ganz bestimmt.“ Doch bevor Ferdinand es schafft, hört er drinnen Schritte. Plötzlich wird die Tür geöffnet und sein Vater steht vor ihm. Wortlos streckt Ferdinand ihm das Zeugnis entgegen. Der Vater nimmt es und liest es durch. Dann schaut er Ferdinand an. „Schlimm, was?“ Ferdinand nickt.

Manfred Mai

Zeugnis

Urlaubsfahrt

koffer koffer kindertragen
flaschen taschen puppenwagen
papa mama koffer kinder
autokarte notlichtblinker

frühgeweckt gefrühstückt raus
winke winke schlüssel haus
autobahnen autoschlange
kinderplappern mama bange

schlange kriechen sonne heiß
stinken staub benzin und schweiß
stockung hunger mama brote
papa skatspiel radio: tote

schlafen schimpfen hupen schwitzen
weiterfahren weitersitzen
müde mitternacht hotel pension
dreißigtausend warten schon

Hans Adolf Halbey

- Was fällt dir an diesem Gedicht auf?
- Überlege, warum der Dichter sein Gedicht so aufgeschrieben hat.
- Du kannst versuchen, auch ein solches Gedicht zu schreiben.
  Vielleicht fällt dir selbst ein Thema ein. Oder probiere es mit:

Hitzefrei	Sportfest	Schwimmbad

Namenwörter (Nomen)

Auch Gefühle und Gedanken werden durch Namenwörter (Nomen) benannt. Sie haben Begleiter (Artikel) und du schreibst sie groß: der Streit, die Idee, das Glück.
Diese Wörter heißen **abstrakte Namenwörter.**

1 Schreibe die Namenwörter aus der Wörterschlange mit Begleiter auf.

Zusammengesetzte Namenwörter (Nomen) bestehen aus einem Grund- und einem Bestimmungswort: die Pflaume, der Kuchen: der Pflaumenkuchen.
Das letzte Wort ist das **Grundwort:** der Pflaumen**kuchen.** Nach ihm richtet sich der Begleiter (Artikel).
Das **Bestimmungswort** beschreibt das Grundwort näher:
Was für ein Kuchen? Ein **Pflaumen**kuchen.
Manche zusammengesetzte Namenwörter werden mit einem -s oder -es verbunden (Fugen-s).

Tag – Zeit	Mittag – Pause	Freundschaft – Band
Geburt – Tag	Freund – Kreis	Glück – Rad

3 Bilde zusammengesetzte Namenwörter.
Schreibe so: *der Tag, die Zeit: die Tageszeit, …*

4 Markiere -s oder -es farbig.

Fürwörter (Pronomen)

Für **Namenwörter** (Nomen) kann man **Fürwörter** (Pronomen) einsetzen: ich, du, er, sie, es, wir, ihr, sie.
Fürwörter richten sich nach dem **Begleiter** (Artikel) des Namenworts: der Mann – er, die Frau – sie, das Kind – es, die Kinder – sie.

Isa ist in den Ferien bei ihren Großeltern. Sie schreibt ihrer Freundin:

Liebe Susanne,
Oma und Opa unternehmen jeden Tag etwas mit mir. Heute fahren <u>Oma und Opa</u> mit mir Fahrrad. Ziel ist wieder der Streichelzoo. <u>Der Streichelzoo</u> befindet sich im Nachbardorf. Dort gibt es Esel. <u>Die Esel</u> sind meine Lieblingstiere. Sogar einen Pfau sieht man. <u>Der Pfau</u> ist sehr schön.
Deine Isa

1 Schreibe den Brief auf.
Ersetze dabei die unterstrichenen Namenwörter durch Fürwörter.

Die Anredefürwörter (Anredepronomen) „Sie“, „Ihr“, „Ihre“ und „Ihnen“ werden großgeschrieben.

Isa schreibt auch an ihre Lehrerin:

Liebe Frau Klaus,
viele Grüße sendet ____ ____ Schülerin Isa.
Ich verbringe tolle Ferientage bei meinen Großeltern.
Da werden ____ staunen, was ich ____ nach den Ferien alles berichten kann.
Ich wünsche ____ noch schöne Ferientage.
Herzliche Grüße, ____ Isa

2 Schreibe den Brief mit den richtigen Anredefürwörtern auf.
Markiere sie farbig.

Tunwörter (Verben)

Das Tunwort (Verb) gibt an, in welcher Zeit etwas geschieht.
Das Tunwort in der **Gegenwart** (Präsens) zeigt an, dass etwas jetzt stattfindet: Er arbeitet. Sie laufen.
Das Tunwort in der **Vergangenheit** zeigt an, dass etwas bereits stattgefunden hat.
Die **erste Vergangenheit** (Präteritum) benutzt du vor allem beim Verfassen von Texten: Er arbeitete. Sie liefen.

Die Klasse 3a gestaltet eine Klassenzeitung.
Alle Kinder arbeiten mit. Der Lehrer bedankt sich bei allen Helfern.
Viele Eltern kaufen die Zeitung.

1. Schreibe den Text ab und unterstreiche die Tunwörter.
2. Schreibe den Text in der ersten Vergangenheit auf.

Das Tunwort in der **zweiten Vergangenheit** (Perfekt) zeigt auch an, dass etwas bereits stattgefunden hat. Für diese Zeitform benötigst du die **Hilfstunwörter** (Hilfsverben) **„haben“** und **„sein“.**
Er hat gearbeitet. Sie sind gelaufen.
Die zweite Vergangenheit benutzt du vor allem beim mündlichen Erzählen.

Simon aus der Klasse 3a erzählt, was die Kinder gemacht haben:

Themen suchen	Beiträge entwerfen	Texte korrigieren
Artikel ordnen	Bilder einfügen	Blätter kopieren

3. Bilde Sätze in der zweiten Vergangenheit.
Schreibe so: *Wir haben Themen gesucht. …*

Wiewörter (Adjektive)

Ein **zusammengesetztes Wiewort** (Adjektiv) wird oft aus einem Namenwort (Nomen) und einem Wiewort gebildet.
Mit einem zusammengesetzten Wiewort beschreibst du anschaulich.
Du schreibst es klein.

Der Junge ist stark wie ein Bär.

Der Frosch ist grün wie das Gras.

Der Kuchen ist süß wie Honig.

Das Eichhörnchen ist flink wie ein Wiesel.

1 Drücke dich mit zusammengesetzten Wiewörtern anschaulich und kurz aus. Schreibe so: *der grasgrüne Frosch, …*

Heute macht die Klasse 3a mit der Lehrerin einen Ausflug ins Museum. Dort gibt es eine interessante Ausstellung über Wale. Die Schüler beteiligen sich an einem kleinen Wissensrätsel. Dabei beantworten sie in Gruppen leichte und schwierige Fragen. Die richtigen Lösungen finden die Kinder an den verschiedenen Stationen. Der aufregende Ausflug geht viel zu schnell zu Ende.

3 Ordne die Wortarten im Text in eine Tabelle ein.
Schreibe so:

Namenwörter	*Tunwörter*	*Wiewörter*	*Fürwörter*
Klasse	*macht*	…	…

Silben

Wörter werden nach **Silben** getrennt. Jede Silbe enthält mindestens einen Selbstlaut (Vokal) oder Umlaut.

Apfelkürbismarmelade, Zitroneneistorte, Aprikosenknödelrezepte
Gewürzkuchenstück, Getreidemüslikekse, Schokoladenkrapfensoße

1. Schreibe die Wörter ab.
   Setze die Silbenbögen.
   Unterstreiche die Selbstlaute.

Apfel	kürbis	marmelade
Ap-fel	kür-bis	mar-me-la-de

Tunwörter (Verben) können **Vorsilben** haben.
Mit Vorsilben kannst du die Bedeutung von Tunwörtern verändern.
Vorsilben sind zum Beispiel: **ab-, an-, aus-, be-, ent-, er-, ver-, zer-, ...**

ent, zu, an → sehen
zer, ent, ver → stehen
auf, ab, aus → fahren

2. Bilde sinnvolle Tunwörter und schreibe sie auf.
   Schreibe so: *sehen – zusehen, ...*

Mit **Nachsilben** kannst du die Wortart verändern.
Wörter mit Nachsilben -nis, -ung, -heit und -keit sind Namenwörter (Nomen). Du schreibst sie groß.
Wörter mit den Nachsilben -ig und -lich sind Wiewörter (Adjektive). Du schreibst sie klein.

FRECH | WITZ | EINSAM | WINTER | SPANNEND | SCHATTEN

3. Finde zu den Wörtern jeweils das zugehörige Namen- oder Wiewort.

Wortfamilie

Verwandte Wörter haben ein gleiches oder ähnliches Wortteil: den **Wortstamm.** Alle Wörter mit diesem Wortstamm bilden eine **Wortfamilie.**

verkaufen	verschmutzen	quälen	Flughafen
käuflich	schützen	Qual	Pflug
Einkaufswagen	Schmutzfleck	Quelle	Tiefflieger
raufen	schmutzig	Tierquälerei	Flügel

1. Untersuche die Wortfamilien. Finde immer das Wort, das nicht zur Wortfamilie gehört.
2. Schreibe die richtigen Wörter jeder Wortfamilie ab und markiere den Wortstamm farbig.
3. Finde weitere Wörter zu jeder Wortfamilie.

Wortfeld

Wörter mit gleicher oder ähnlicher Bedeutung bilden ein **Wortfeld.**

Der alte Mann *geht* über die Straße.
Die junge Frau *geht* ins Theater.
Der Dieb *geht* um die Ecke.
Die Schnecke *geht* über das Salatblatt.
Die Ente *geht* am Ufer.
Der Junge *geht* über die Pfütze.

4. Ersetze das Wort „gehen“ immer durch ein anderes Wort und schreibe die Sätze ab.
5. Sammelt weitere Wörter zum Wortfeld „gehen“ und entwerft dazu ein Plakat.

Sätze

Bei Fragesätzen ohne Fragewörtern steht das Tunwort (Verb) am Satzanfang.

Die Fußballer kommen auf das Spielfeld.
Der Schiedsrichter legt den Ball bereit.
Alle warten auf den Anstoß.
Das Spiel beginnt mit dem Anpfiff.

❶ Schreibe die Sätze ab. Unterstreiche die Tunwörter.

❷ Bilde aus den Aussagesätzen Fragesätze.
Schreibe so: *Kommen die Fußballer …?*

Wenn du jemanden auffordern willst, etwas zu tun, benutzt du einen **Aufforderungssatz.** Am Satzende steht in der Regel ein Ausrufezeichen.

Was in Texten gesagt wird, heißt **wörtliche Rede.**
Die wörtliche Rede wird von **Anführungszeichen** eingerahmt.
Der **Begleitsatz** sagt dir, **wer** spricht und **wie** jemand spricht.
Zwischen Begleitsatz und wörtlicher Rede steht ein **Doppelpunkt.**

Der Trainer ruft	:	„	Schieß den Ball ins Tor!	“
Begleitsatz	**:**	**„**	**Wörtliche Rede**	**“**

Die Zuschauer feuern ihre Mannschaften an░ ░Los, schießt ein Tor░░
Doch da gibt es ein Foul und die Fans schreien░ ░So eine Frechheit░░
Der Schiedsrichter zieht die rote Karte und ruft░ Verlass das Spielfeld░░

❸ Schreibe den Text ab und setze die Zeichen der wörtlichen Rede und alle Satzschlusszeichen.

Satzglieder

Ein Satz setzt sich aus **Satzgliedern** zusammen. Ein Satzglied besteht aus einem Wort oder mehreren Wörtern. Die Wörter eines Satzgliedes bleiben beim Umstellen zusammen.

Der Unterricht in unserer Klasse beginnt montags mit dem Morgenkreis. Dabei erzählt jedes Kind von seinem Wochenende. Jeden Tag endet der Unterricht mit einem gemeinsamen Lied im Stehkreis.

1. Schreibe jeden Satz ab. Stelle ihn um. Jedes Satzglied soll einmal am Anfang stehen.
2. Kreise die Satzglieder ein.

Durch die Umstellung von Satzgliedern kannst du abwechslungsreicher erzählen.

Die Schüler holen die Hausaufgaben aus ihren Schulranzen.
Die Schüler rechnen in Mathematik verschiedene Sachaufgaben.
Die Schüler erholen sich in der Pause auf dem Schulhof.
Die Schüler malen bunte Bilder in ihre Religionshefte.

3. Stelle die Sätze um und schreibe sie auf.

Durch das Ergänzen weiterer Satzglieder kannst du genauere Informationen in einem Satz geben.

Piri liest.

4. Erweitere den Satz mit diesen Satzgliedern:

ein Buch	über Tiere	mit Igel Manfred	manchmal

Satzgegenstand (Subjekt) und Satzaussage (Prädikat)

Auf die Frage **Wer?** oder **Was?** antwortet **der Satzgegenstand** (das Subjekt).
Die Kinder melden sich. **Wer** meldet sich? **Die Kinder** melden sich.

Das Eichhörnchen lebt auf Bäumen.
Es frisst Nüsse und Beeren. In der Dunkelheit verlässt der Fuchs seinen Bau unter der Erde.
In vielen Gärten leben Igel.
Am liebsten vertilgen sie Regenwürmer, Schnecken und Fallobst. Große Erdhaufen hinterlässt der Maulwurf auf den Wiesen.
Mit seinen schaufelförmigen Vorderbeinen gräbt er ein unterirdisches Tunnelsystem.

1. Schreibe die Sätze ab. Erfrage den Satzgegenstand. Unterstreiche ihn.
2. Kreise die Satzglieder ein.

Auf die Frage **Was tut jemand?** oder **Was geschieht?** antwortet **die Satzaussage** (das Prädikat). Tom spielt. **Was tut** Tom? Er **spielt.**

Unsere Katze hat seit ein paar Tagen fünf Junge.
Nun möchte meine Freundin auch eine kleine Katze. Sechs bis acht Wochen bleiben die Katzenkinder noch bei der Mutter. Dann bekommt meine Freundin ihr Kätzchen.
Endlich hat sie auch ein Haustier!

3. Schreibe die Sätze ab. Erfrage die Satzaussage und unterstreiche sie.
4. Erfrage auch den Satzgegenstand und unterstreiche ihn farbig.

Selbstlaute (Vokale) und Mitlaute (Konsonanten)
Wörter mit doppeltem Mitlaut

Auf einen kurzen Selbstlaut (Vokal) folgen immer mindestens zwei Mitlaute (Konsonanten). Hörst du nur einen Mitlaut, musst du diesen verdoppeln. Doppelmitlaute zwischen zwei Selbstlauten trennst du so: fal-len.

Hi_el	Ke_e	Nu_	Scha_	So_e
Schi_el	We_e	Schlu_	Kna_	Wo_e

1. Vervollständige die Reimpaare und schreibe sie auf.
2. Welche Wörter kannst du trennen? Schreibe sie getrennt auf.

Wörter mit ck

Nach einem kurz gesprochenen Selbstlaut (Vokal) steht oft ck.
Beim Trennen bleibt ck immer zusammen.
Steht ck zwischen zwei Selbstlauten, trennst du vor dem ck: pa-cken.
Folgt nach dem ck ein Mitlaut (Konsonant), trennst du nach dem ck: Entwick-lung.

3. Was fehlt: k oder ck? Schreibe die Wörter auf.
4. Trenne die Wörter.

Wörter mit tz

Nach einem kurz gesprochenen Selbstlaut (Vokal) steht oft tz: Hịtze.
Zwischen zwei Selbstlauten trennst du tz so: sẹt-zen.

Pfütze	Spatz	Satz	Platz	Mütze	Witz	Blitz	Katze
platzen	petzen	wetzen	sitzen	fetzen	hetzen	schmutzig	putzig

1. Bilde Sätze, in denen viele dieser Wörter vorkommen:
   Viele putzige Spatzen sitzen in einer schmutzigen Pfütze.

2. Setze unter den kurz gesprochenen Selbstlaut oder Umlaut einen Punkt und markiere tz farbig.

Wörter mit ss und ß

Bei einem stimmlosen s-Laut steht nach kurz gesprochenem Selbstlaut (Vokal) oder Umlaut ss. Nach einem Doppellaut oder einem lang gesprochenem Selbstlaut oder Umlaut steht ß.

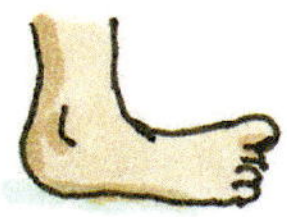

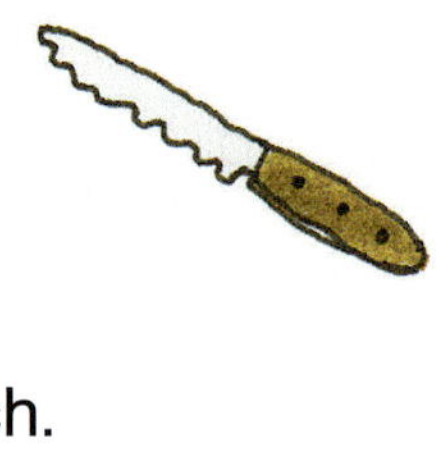

3. Schlage die abgebildeten Dinge in der Wörterliste nach.

4. Schreibe die Wörter mit Begleiter auf.

5. Suche weitere Wörter mit ß oder ss aus der Wörterliste heraus.
   Ordne sie in eine Tabelle ein.

Wörter mit ie

Hörst du in einem Wort ein langes i, so schreibst du meist ie.
Von dieser Regel gibt es **Ausnahmen,** bei denen du nur i schreibst, z. B. Krokodil, Igel, Tiger und Wörter mit der Endung -ine wie Maschine. Bei diesen Wörtern musst du dir die richtige Schreibweise merken.

Heute wollen Johannes und Sab░ne ins K░no gehen. Z░mlich spät machen sich die beiden auf den Weg. „W░r müssen uns beeilen. V░l Zeit bleibt uns nicht mehr!“, ruft Johannes. Flott b░gen sie um die Ecke. S░ben M░nuten vor Beginn kommen sie am Eingang an.

1. Schreibe den Text ab. Entscheide, ob du i oder ie einsetzen musst.

2. Achtung, Ausnahmen: Schlage nach und notiere die Begriffe.

Wörter mit Dehnungs-h

Wird in einem Wort ein Selbstlaut (Vokal) oder ein Umlaut lang gesprochen, folgt oft ein Dehnungs-h: die Bohne.

Fahrzeug | Zahl | Jahr | wohnen | jährlich | Zähler | wohnlich | Fahrgast

3. Schreibe die Wörter ab.
4. Markiere den langen Selbstlaut oder Umlaut und das Dehnungs-h.
5. Je zwei Wörter gehören zur selben Wortfamilie.
   Schreibe so: *das Fahrzeug – der Fahrgast, …*

Rechtschreibhilfen
Wortbausteine

Wörter kann man in Silben und Wortbausteine zerlegen.
Wenn du dir deren Schreibweise einprägst, kannst du viele Wörter selbstständig bilden und richtig schreiben.

die Ver | los | ung

- besteht aus der Vorsilbe ver-: deshalb wird es immer mit v geschrieben
- besteht aus dem Wortstamm „los“: er wird immer ohne h geschrieben
- besteht aus der Nachsilbe -ung: deshalb wird es immer mit g geschrieben, auch wenn du es nicht hören kannst
- die Nachsilbe -ung weist außerdem auf die Großschreibung hin
- die Begleiterprobe bestätigt dir die Großschreibung (Namenwort)

vorsagen	Vorfreude	verbindlich	Erlebnis	freundlich

1. Schreibe die Wörter ab. Gliedere sie in ihre Wortbausteine.
   Schreibe so: *vor | sag | en – Vorsilbe | Wortstamm | Endung*

Bei Wörtern, die aus mehreren Wortteilen bestehen, können zwei gleiche Buchstaben zusammentreffen. Um das Wort richtig zu schreiben, zerlege es in seine Bestandteile: Fahrrad = FAHR + RAD

Leuchtturm	aussprechen	Laubboden	Strommast	auffressen
Verrat	Aufführung	verrosten	Bücherregal	Schifffahrt

2. Zerlege diese Wörter in ihre Wortteile. Markiere die Nahtstelle farbig.

Wörter mit ä/äu

Wörter mit ä oder äu haben meist ein verwandtes Wort mit a oder au.

t	ä	er
W	e	nde
erz	äu	hlen
	eu	

h	ä	fig
f	e	cht
M	äu	nge
	eu	

Z	ä	gnis
Schn	e	cke
B	äu	cker
	eu	

erkl	ä	ren
Kr	e	z
Geb	äu	de
	eu	

1. Schreibe die Wörter richtig auf.
   Finde bei Wörtern mit ä oder äu verwandte Wörter.

Verlängerungen

Ob ein Wort am Ende mit -ig oder -lich geschrieben wird, hörst du, wenn du es verlängerst: fröhlich – fröhliche, selig – selige.
Ob ein Wort am Ende mit b oder p, d oder t, g oder k geschrieben wird, hörst du, wenn du es verlängerst. Bei Tunwörtern bildest du die Grundform.
der Brand – die Brände gibt – geben fremd-fremde

die sand__ Antwort die heim__ Ohrfeige der deut__ Sportler
die durst__ Aussprache der ehr__ Boden das saft__ Treffen

2. Finde das richtige Wiewort zu jedem Namenwort.
   Setze -ig oder -lich richtig ein!
   Schreibe so: *die ehrliche Antwort, ...*

ro_	Stran_	trin_t	Urlau_	grä_t

3. Schreibe die Wörter ab und trage d/t, b/p oder g/k richtig ein. Wenn du unsicher bist, verlängere das Wort.

Richtig schreiben

Mitsprechwörter: Ich schreibe, wie ich spreche.

- Sprich deutlich: Tomate
- Sprich in der Pilotensprache: To-ma-te
- Schwinge die Silbenbögen: To-ma-te

Nachdenkwörter: Ich denke nach und weiß eine Regel.

- Verlängere das Wort: Land – Länder, glaubt – glauben, gelb – das gelbe Kleid
- Suche ein verwandtes Wort: Gebäude – bauen, erklären – klar
- Beachte die Vor- und Nachsilben: ver-gessen, Frei-heit, fröh-lich
- Zerlege in Wortbausteine: Fahr-rad, Schwimm-flügel, Glück-s-gefühl, wunder-schön
- Achte auf den kurzen Selbstlaut: retten, packen, putzen, Schloss
- Achte auf den langen Selbstlaut: L<u>oh</u>n, w<u>ie</u>gen, F<u>u</u>ß

Merkwörter: Ich muss mir merken, wie ich das Wort schreibe.

- Wörter mit langem i: Igel, Tiger, minus
- Wörter mit ks-Laut: Taxi, Wuchs, links, mixen
- Wörter mit doppeltem Selbstlaut: Paar, See, Boot
- Wörter mit V/v: brav, vielleicht, Vorfahrt, Verkehr
- Fremdwörter: Information, Computer, Internet

Kuss	Vorsicht	tief	Clown	wechseln	Tiger
Strände	Wald	dick	herstellen	blitzen	Fleiß
Handy	Stuhl	boxen	Zeitung	hoffentlich	Moos

1. Schreibe alle Nachdenkwörter heraus.
   Notiere immer dazu die passende Regel.

2. Schreibe alle Merkwörter heraus.
   Markiere die Merkstelle farbig.

Nach dem Abc ordnen

Wörter mit den gleichen Anfangsbuchstaben ordnest du nach den nächsten Buchstaben.

3. Ordne die Wörter nach dem Abc.

Texte vorbereiten

Zum Schreiben von Texten ist es hilfreich, zunächst Ideen zu sammeln und sie in Stichpunkten zu notieren.

Mit **Stichpunkten** kannst du die wichtigsten Informationen kurz notieren. Stichpunkte müssen keine vollständigen Sätze sein. Du kennzeichnest sie durch Spiegelstriche.

Du kannst deine Ideen auch als Cluster aufschreiben.

So entsteht ein Cluster:
1. Sammle Ideen zu einem Thema in Stichpunkten.
2. Ordne die Stichpunkte nach wichtigen Bereichen und umrahme diese.
3. Ergänze die umrahmten Bereiche mit weiteren Einfällen.

Texte verfassen

Beim Verfassen von Texten musst du Folgendes beachten:
- Überlege, für wen und für welchen Zweck du schreibst.
- Achte auf eine sinnvolle Reihenfolge.
- Beachte die richtige Zeitstufe.
- Verwende treffende Wörter.
- Benutze unterschiedliche Satzanfänge.

Geschichten schreiben

Wenn du eine Geschichte schreibst, musst du auf den **Aufbau** achten:

Eine Geschichte besteht aus **Einleitung, Hauptteil** und **Schluss.**

Einleitung: – beantwortet kurz die W-Fragen (Wer? Wann? Wo?)
– soll neugierig machen

Hauptteil: – wichtigster Teil, auf die richtige Reihenfolge achten
– spannendste Stelle (Höhepunkt) am Ende des Hauptteils

Schluss: – schildert kurz das Ende der Geschichte

So wird deine Geschichte **lebendig** und **spannend:**

- Drücke Gedanken und Gefühle aus. Dafür eignen sich besonders Ausrufesätze und Fragesätze.
- Verwende wörtliche Rede.
- Mit treffenden Wiewörtern kannst du besonders anschaulich erzählen.

Reizwortgeschichte

So schreibst du eine Reizwortgeschichte:
– Verwende alle Reizwörter. Die Reihenfolge wählst du selbst.
– Achte darauf, dass alle Reizwörter eine wichtige Rolle spielen.

Nacht	Hunger	Kühlschrank	Schreck
Nachmittag	Turnhalle	Kletterstange	verletzt

1. Suche dir vier Wörter aus.
Schreibe mit ihnen eine Geschichte.

Sachtexte schreiben

Sachtexte enthalten Informationen zu einem Thema.
Sie beschränken sich auf wichtige Aussagen.

So wird dein Text **sachlich:**

- Schreibe nur das Wichtigste auf.
- Benutze keine wörtliche Rede und beschreibe keine Gefühle.
- Verwende Fachbegriffe.
- Achte auf eine logische Gliederung.

Vorgangsbeschreibung

So verfasst du eine Vorgangsbeschreibung:
- Beachte die Regeln für Sachtexte.
- Halte dich genau an die richtige Reihenfolge.
- Schreibe in der Gegenwart.

Der Igel hält im Winter Winterschlaf. „Huch, ist das kalt!", denkt der Igel. Im Laubhaufen ist er vor Kälte geschützt. Während des Winterschlafs nimmt der Igel keine Nahrung zu sich. Aber er freut sich schon tierisch auf das dicke Würmerfrühstück nach dem Aufwachen. Bei diesen Gedanken wird es ihm ganz warm ums Herz und er seufzt glücklich.

1 Welche Sätze passen zu einem Sachtext, welche zu einer Geschichte? Begründe.

Texte überarbeiten

Marie hat einen Text am Computer geschrieben. Nun überarbeitet sie den Ausdruck:

Ich lese oft lustige Bücher.
Ich lese oft | Bücher. — ❶ Wiewörter einsetzen

Häufig gehe ich ins Kino.
Ich gehe ~~oft~~ ins Kino. — ❷ Gleiche Satzanfänge ❸ Wortwiederholungen

Ich laufe mit meinem Hund in den Park.
Ich ~~gehe~~ mit meinem Hund in den Park. — ❹ Wortwiederholungen

Er bellt manchmal sehr laut.
~~Mein Hund belt~~ | . — ❺ Wortwiederholungen ❻ Rechtschreibfehler ❼ Satzverlängerungen

So kannst du Texte überarbeiten:

❶ Mit treffenden Wiewörtern kannst du genauer beschreiben:
Welche Bücher lese ich gern? → **lustige** Bücher

❷ Gleiche Satzanfänge kannst du durch Satzumstellung verändern.
Der Satzgegenstand (**ich**) sollte nicht immer den Satz einleiten.

❸ Tausche sich wiederholende Wörter mit Wörtern gleicher oder ähnlicher Bedeutung aus: **oft → häufig.**

❹ Ersetze sich wiederholende Tunwörter durch andere, aber passende Tunwörter desselben Wortfeldes: **gehe → laufe.**

❺ Ersetze Namenwörter durch die entsprechenden Fürwörter:
mein Hund → er.

❻ Wende die Rechtschreibregeln an:
Wird ein Selbstlaut kurz gesprochen, folgt ein doppelter Mitlaut.
Schlage auch in der Wörterliste oder im Wörterbuch nach.

❼ Mit zusätzlichen Satzgliedern kannst du mehr Informationen geben:
Wie bellt der Hund? → **sehr laut.** Bellt er oft? → **manchmal.**

Wörterliste

A

der Abend, die Abende
abfahren,
er fuhr ab,
er ist abgefahren
absagen,
er sagte ab,
er hat abgesagt
abschreiben,
er schrieb ab, er
hat abgeschrieben
abwaschen,
er wusch ab, er hat
abgewaschen
ähnlich
alle
allein (sein)
alt, älter
am
die Ameise,
die Ameisen
anders
ändern, er änderte,
er hat geändert
anfangen,
er fing an,
er hat angefangen
angeln,
er angelte,
er hat geangelt
die Angst, die Ängste
ängstlich
der Apfel, die Äpfel
der April
arbeiten,
er arbeitete,
er hat gearbeitet
arm, ärmer
der Arzt, die Ärztin
auch
auf
aufeinander
die Aufgabe,
die Aufgaben
aufpassen,
er passte auf,
er hat aufgepasst
aufräumen,
er räumte auf,
er hat aufgeräumt
sich aufregen,
er regte sich auf,
er hat sich
aufgeregt
aufstehen,
er stand auf,
er ist aufgestanden
aufwecken,
er weckte auf,
er hat aufgeweckt
das Auge, die Augen
der August
außen
außerdem
der Ausflug,
die Ausflüge
sich ausruhen, er ruhte
sich aus, er hat
sich ausgeruht
aussehen,
er sah aus,
er hat ausgesehen
das Auto, die Autos

B

backen, er backte,
er hat gebacken
der Bäcker, die Bäcker
die Bahn, die Bahnen
bald
der Ball, die Bälle
das Band, die Bänder
die Bank, die Bänke
bauen, er baute,
er hat gebaut
der Baum, die Bäume
der Becher, die Becher
die Beere, die Beeren
begießen,
er begoss,
er hat begossen
beginnen,
er begann,
er hat begonnen
das Beispiel,
die Beispiele
beißen, er biss,
er hat gebissen
bekannt, bekannter

bellen, er bellte, er hat gebellt
belohnen, er belohnte, er hat belohnt
benutzen, er benutzte, er hat benutzt
beobachten, er beobachtete, er hat beobachtet
bequem
bereit
bereits
der Beruf, die Berufe
der Besen, die Besen
besetzen, er besetzte, er hat besetzt
besser
bestimmt
das Bett, die Betten
bevor
der Biber, die Biber
biegen, er bog, er hat gebogen
das Bild, die Bilder
bisschen
bitte
das Blatt, die Blätter
blau
der Blick, die Blicke
blicken, er blick-te, er hat geblickt
blind, blinde
der Blinde, die Blinden
der Blitz, die Blitze
blitzen, es blitzte, es hat geblitzt
der Block, die Blöcke
bloß
die Blume, die Blumen
bohren, er bohrte, er hat gebohrt
das Boot, die Boote
böse
boxen, er boxte, er hat geboxt
der Brand, die Brände
braun
brav
breit, breiter
brennen, es brannte, es hat gebrannt
die Brezel, die Brezeln
der Brief, die Briefe
die Brille, die Brillen
bringen, er brachte, er hat gebracht
das Brot, die Brote
die Brücke, die Brücken
der Bruder, die Brüder
der Brunnen, die Brunnen
das Buch, die Bücher
die Bücherei, die Büchereien
bunt, bunte

C

der Christ, die Christen
der Clown, die Clowns
der Computer, die Computer
der Cousin, die Cousins
die Cousine, die Cousinen

D

das Dach, die Dächer
damit
danach
der Dank
dann
dürfen, er durfte, er hat gedurft
darum
das
die Decke, die Decken
decken, er deckte, er hat gedeckt
dem
denken, er dachte, er hat gedacht
denn
der
deshalb
deutlich, deutlicher
deutsch
Deutschland
der Dezember
dicht, dichter
dick, dicker
die

der Dienstag, die Dienstage
diese
das Diktat, die Diktate
das Ding, die Dinge
die Diskette, die Disketten
der Donner
donnern, es donnerte, es hat gedonnert
der Donnerstag, die Donnerstage
das Dorf, die Dörfer
der Drache, die Drachen
der Draht, die Drähte
draußen
der Dreck
dreckig, dreckiger
drehen, er drehte, er hat gedreht
drei
dreizehn
der Druck, die Drücke
drücken, er drückte, er hat gedrückt
der Duft, die Düfte
dumm
die Dummheit, die Dummheiten
dunkel, dunkler
dünn
der Durst
durstig, durstiger

E

die Ecke, die Ecken
eckig, eckige
ehrlich, ehrlicher
die Eichel, die Eicheln
das Eichhörnchen, die Eichhörnchen
eigentlich
der Eimer, die Eimer
ein
das Eis
der Elefant, die Elefanten
die Eltern
empfinden, er empfand, er hat empfunden
empfindlich, empfindlicher
eng, enger
entdecken, er entdeckte, er hat entdeckt
entfernen, er entfernte, er hat entfernt
die Entfernung, die Entfernungen
entgegen
entwickeln, er entwickelte, er hat entwickelt
die Entwicklung, die Entwicklungen
er
die Erde
erkennen, er erkannte, er hat erkannt
erklären, er erklärte, er hat erklärt
erlauben, er erlaubte, er hat erlaubt
die Erlaubnis
erleben, er erlebte, er hat erlebt
das Erlebnis, die Erlebnisse
ernähren, er ernährte, er hat ernährt
erschrecken, er erschrak, er ist erschrocken
erwarten, er erwartete, er hat erwartet
die Erwartung, die Erwartungen
erzählen, er erzählte, er hat erzählt
die Erzählung, die Erzählungen
der Esel, die Esel
essen, er aß, er hat gegessen
etwas
die Eule, die Eulen
Europa

F

fahren, er fuhr, er ist gefahren
das Fahrrad, die Fahrräder
die Fahrt, die Fahrten
fallen, er fiel, er ist gefallen
falls
die Familie, die Familien
fangen, er fing, er hat gefangen
die Farbe, die Farben
fast
faul
der Februar
die Fee, die Feen
der Fehler, die Fehler
fehlerfrei
das Fell, die Felle
das Fenster, die Fenster
die Ferien
das Fernsehen
fernsehen, er sah fern, er hat ferngesehen
der Fernseher, die Fernseher
fertig
fett, fetter
das Fett, die Fette
feucht
die Feuchtigkeit
das Feuer, die Feuer
die Fichte, die Fichten
die Figur, die Figuren
der Film, die Filme
finden, er fand, er hat gefunden
der Finger, die Finger
der Fisch, die Fische
flach
die Flasche, die Flaschen
der Fleiß
fleißig, fleißiger
fliegen, er flog, er ist geflogen
fließen, es floss, es ist geflossen
das Flugzeug, die Flugzeuge
der Fluss, die Flüsse
die Flüssigkeit, die Flüssigkeiten
fragen, er fragte, er hat gefragt
Frankreich
französisch
die Frau, die Frauen
frei
die Freiheit, die Freiheiten
der Freitag, die Freitage
fressen, er fraß, er hat gefressen
sich freuen, er freute sich, er hat sich gefreut
der Freund, die Freunde
die Freundin, die Freundinnen
freundlich, freundlicher
der Frieden
friedlich, friedliche
frieren, er fror, er hat gefroren
der Frosch, die Frösche
fröhlich, fröhliche
die Fröhlichkeit
früh
der Frühling, die Frühlinge
frühstücken, er frühstückte, er hat gefrühstückt
für
der Fuchs, die Füchse
fühlen, er fühlte, er hat gefühlt
führen, er führte, er hat geführt
die Führung, die Führungen
der Fuß, die Füße
der Fußball, die Fußbälle
das Futter
füttern, er fütterte, er hat gefüttert

G

die Gabel, die Gabeln
ganz
geben, er gab, er hat gegeben
die Geburt, die Geburten
der Geburtstag, die Geburtstage
das Gebäude, die Gebäude
die Gefahr, die Gefahren
gefährlich, gefährlicher
das Gefühl, die Gefühle
geheim
das Geheimnis, die Geheimnisse
gehen, er ging, er ist gegangen
gelb, gelbe
die Gemeinde, die Gemeinden
gern
der Geruch, die Gerüche
das Geschäft, die Geschäfte
geschehen, es geschah, es ist geschehen
das Geschenk, die Geschenke
die Geschwister
das Gesetz, die Gesetze
das Gespenst, die Gespenster
gestern
gesund, gesünder
das Gewächs, die Gewächse
gewinnen, er gewann, er hat gewonnen
das Gewitter, die Gewitter
gießen, er goss, er hat gegossen
das Glas, die Gläser
glatt, glatter
glitzern, es glitzer-te, es hat geglitzert
das Glück
glücklich, glückliche
glühen, er glühte, er hat geglüht
der Gott, die Götter
graben, er grub, er hat gegraben
das Gras, die Gräser
grau
groß
die Großmutter, die Großmütter
der Großvater, die Großväter
die Gruppe, die Gruppen
der Gruß, die Grüße
grüßen, er grüßte, er hat gegrüßt
gucken, er guckte, er hat geguckt
gut, gute

H

das Haar, die Haare
haben, er hatte, er hat gehabt
hacken, er hackte, er hat gehackt
der Hahn, die Hähne
halten, er hielt, er hat gehalten
die Hand, die Hände
das Handy, die Handys
der Hang, die Hänge
hängen, er hing, er hat gehangen
hart, härter
der Hase, die Hasen
hässlich, hässlicher
der Haufen, die Haufen
häufig, häufiger
das Haus, die Häuser
die Hausaufgabe, die Hausaufgaben
der Hausmeister, die Hausmeister
die Hausmeisterin, die Hausmeisterinnen
heiraten, er heiratete, er hat geheiratet

heiß
heißen, er hieß, er hat geheißen
heizen, er heizte, er hat geheizt
die Heizung, die Heizungen
der Herbst, die Herbste
herstellen, er stellte her, er hat hergestellt
die Herstellung, die Herstellungen
heute
die Hexe, die Hexen
der Himmel, die Himmel
hinauf
hinter
die Hitze
der Hof, die Höfe
hoffen, er hoffte, er hat gehofft
hoffentlich
die Höhe, die Höhen
hohl
die Höhle, die Höhlen
holen, er holte, er hat geholt
das Holz, die Hölzer
das Huhn, die Hühner
die Hummel, die Hummeln
der Hund, die Hunde
hundert, hunderte
der Hunger
hungrig, hungriger
der Hut, die Hüte

I

der Igel, die Igel
ihn
ihr
ihre
im
immer
impfen, er impfte, er hat geimpft
die Impfung, die Impfungen
in
die Information, die Informationen
informieren, er informierte, er hat informiert
die Insel, die Inseln
das Instrument, die Instrumente
interessant, interessanter
das Interesse, die Interessen
das Internet
der Irrgarten, die Irrgärten

J

die Jagd, die Jagden
das Jahr, die Jahre
der Januar
jemand, jemanden
die Jugend
jugendlich, jugendliche
der Juli
jung, jünger
der Junge, die Jungen
der Juni

K

der Käfig, die Käfige
kalt, kälter
der Kamm, die Kämme
kämmen, er kämmte, er hat gekämmt
die Kanne, die Kannen
die Kastanie, die Kastanien
die Katze, die Katzen
kaufen, er kaufte, er hat gekauft
der Keks, die Kekse
kennen, er kannte, er hat gekannt
die Kiefer, die Kiefern
das Kind, die Kinder
das Kino, die Kinos
die Kirche, die Kirchen
das Kissen, die Kissen
klar
die Klasse, die Klassen
der Klassenkamerad, die Klassenkameraden

die Klassenkameradin, die Klassenkameradinnen
der Klee
das Kleid, die Kleider
klein
klemmen, er klemmte, er hat geklemmt
klettern, er kletterte, er ist geklettert
klopfen, er klopfte, er hat geklopft
der Koch, die Köche
die Köchin, die Köchinnen
kommen, er kam, er ist gekommen
der Kompass, die Kompasse
können, er konnte, er hat gekonnt
der Korb, die Körbe
das Kostüm, die Kostüme
die Kraft, die Kräfte
kräftig, kräftiger
krank, kranke
kratzen, er kratzte, er hat gekratzt
die Kräuter
der Kreis, die Kreise
das Kreuz, die Kreuze
die Kreuzung, die Kreuzungen
kriechen, er kroch, er ist gekrochen
der Krieg, die Kriege
die Krone, die Kronen
der Kuchen, die Kuchen
die Kuh, die Kühe
kühl
kühlen, er kühlte, er hat gekühlt
kurz
der Kuss, die Küsse

L

lachen, er lachte, er hat gelacht
das Lager, die Lager
das Land, die Länder
lang, länger
langsam
der Lärm
lassen, er ließ, er hat gelassen
das Laub
laufen, er lief, er ist gelaufen
leben, er lebte, er hat gelebt
legen, er legte, er hat gelegt
der Lehrer, die Lehrer
die Lehrerin, die Lehrerinnen
leicht, leichter
leihen, er lieh, er hat geliehen
lernen, er lernte, er hat gelernt
lesen, er las, er hat gelesen
letzte, letzter
leuchten, es leuchtete, es hat geleuchtet
die Leute
das Licht, die Lichter
lieben, er liebte, er hat geliebt
das Lied, die Lieder
liegen, er lag, er hat gelegen
die Linde, die Linden
links
der Löffel, die Löffel
der Lohn, die Löhne
die Luft, die Lüfte
lustig, lustiger

M

machen, er machte, er hat gemacht
das Mädchen, die Mädchen
der Magnet, die Magneten
der Mai
manchmal
die Mappe,

die Mappen
das Märchen, die Märchen
der März
die Maschine, die Maschinen
das Maß, die Maße
die Matte, die Matten
die Maus, die Mäuse
die Medien
die Medizin
das Meer, die Meere
mehr
mehrere
mein
der Mensch, die Menschen
messen, er maß, er hat gemessen
das Messer, die Messer
die Miete, die Mieten
mir
mit
der Mittag
die Mitte, die Mitten
der Mittwoch, die Mittwoche
mixen, er mixte, er hat gemixt
mögen, er mochte, er hat gemocht
die Möhre, die Möhren
der Mond, die Monde
der Montag, die Montage
das Moos, die Moose
morgen
der Morgen
müde
der Müll
der Mund, die Münder
die Muschel, die Muscheln
das Museum, die Museen
die Musik
müssen, er musste, er hat gemusst
mutig, mutiger
die Mutter, die Mütter
die Mütze, die Mützen

N

nach
der Nachmittag, die Nachmittage
die Nacht, die Nächte
nah, näher
die Nähe
nähen, er nähte, er hat genäht
die Nahrung
die Naht, die Nähte
die Nase, die Nasen
nass
die Nässe
die Natur
natürlich
neben
nehmen, er nahm, er hat genommen
das Nest, die Nester
nicht
niemals
niemand, niemanden
niesen, er nieste, er hat geniest
noch
der November
die Nummer, die Nummern
nummerieren, er nummerierte, er hat nummeriert
die Nuss, die Nüsse
nützen, es nützte, es hat genützt
nützlich, nützliche

O

oder
der Ofen, die Öfen
offen
oft
ohne
der Oktober
der Onkel, die Onkel
ordentlich, ordentlicher

P

packen, er packte, er hat gepackt

das Päckchen, die Päckchen
das Paket, die Pakete
die Pappe, die Pappen
der Park, die Parks
der Pass, die Pässe
passen, er passte, er hat gepasst
passieren, es passierte, es ist passiert
die Pause, die Pausen
die Pfeife, die Pfeifen
pfeifen, er pfiff, er hat gepfiffen
das Picknick
der Pilz, die Pilze
das Plakat, die Plakate
der Platz, die Plätze
plötzlich
der Polizist, die Polizisten
die Polizistin, die Polizistinnen
das Pony, die Ponys
die Post
die Praline, die Pralinen
der Preis, die Preise
das Programm, die Programme
der Pullover, die Pullover
die Puppe, die Puppen
putzen, er putzte, er hat geputzt
putzig, putziger

Q

quadratisch
quaken, er quakte, er hat gequakt
die Qual, die Qualen
quälen, er quälte, er hat gequält
die Qualle, die Quallen
die Quelle, die Quellen
quer
quieken, er quiekte, er hat gequiekt

R

das Radio, die Radios
raten, er riet, er hat geraten
das Rätsel, die Rätsel
die Ratte, die Ratten
rau
der Raum, die Räume
rechnen, er rechnete, er hat gerechnet
rechts
das Recycling
reden, er redete, er hat geredet
der Regen
das Reh, die Rehe
die Reihe, die Reihen
reisen, er reiste, er ist gereist
reißen, er riss, er hat gerissen
rennen, er rannte, er ist gerannt
richtig, richtige
die Richtung, die Richtungen
riechen, er roch, er hat gerochen
der Riese, die Riesen
riesig, riesiger
der Ritter, die Ritter
der Rock, die Röcke
die Rolle, die Rollen
der Roller, die Roller
die Rose, die Rosen
rot
rufen, er rief, er hat gerufen
die Ruhe
ruhig, ruhiger
rühren, er rührte, er hat gerührt
rund, runde
der Rüssel, die Rüssel

S

sagen, er sagte, er hat gesagt

sammeln,
er sammelte,
er hat gesammelt
die Sammlung,
die Sammlungen
der Samstag,
die Samstage
der Satz, die Sätze
sauer
schaffen,
er schaffte,
er hat geschafft
der Schall, die Schalle
schalten,
er schaltete,
er hat geschaltet
der Schalter,
die Schalter
scharf
die Schärfe,
die Schärfen
der Schatten,
die Schatten
der Schatz,
die Schätze
schauen,
er schaute,
er hat geschaut
schenken,
er schenkte,
er hat geschenkt
schieben,
er schob,
er hat geschoben
schief
schießen,
er schoss,
er hat geschossen
schimpfen,
er schimpfte,
er hat geschimpft
schlafen,
er schlief,
er hat geschlafen
schließen,
er schloss,
er hat geschlossen
schließlich
der Schlitten,
die Schlitten
das Schloss,
die Schlösser
der Schluss,
die Schlüsse
der Schlüssel,
die Schlüssel
schmal
schmecken,
er schmeckte,
er hat geschmeckt
schmelzen,
es schmolz,
es ist geschmolzen
der Schmutz
schmutzig,
schmutziger
der Schnabel,
die Schnäbel
der Schnee
der Schneider,
die Schneider
die Schneiderin,
die Schneiderinnen
schnell
schnitzen,
er schnitzte,
er hat geschnitzt
schon
schön
der Schreck,
die Schrecken
schrecklich,
schrecklicher
schreiben,
er schrieb,
er hat geschrieben
die Schreibmaschine,
die Schreib-
maschinen
schreien,
er schrie,
er hat geschrien
schubsen,
er schubste,
er hat geschubst
die Schule,
die Schulen
der Schüler,
die Schüler
die Schülerin,
die Schülerinnen
der Schulleiter,
die Schulleiter
die Schulleiterin, die
Schulleiterinnen

die Schüssel,
die Schüsseln
schütteln,
er schüttelte,
er hat geschüttelt
der Schutz
schützen,
er schützte,
er hat geschützt
schwach
schwarz
schweigen,
er schwieg,
er hat geschwiegen
schwer
die Schwester,
die Schwestern
schwierig,
schwieriger
die Schwierigkeit,
die Schwierigkeiten
schwimmen,
er schwamm, er ist
geschwommen
schwitzen,
er schwitzte,
er hat geschwitzt
der See, die Seen
sehen, er sah,
er hat gesehen
sein
seine
die Sekretärin, die
Sekretärinnen
der September

setzen, er setzte,
er hat gesetzt
sie
sieben
siegen, er siegte,
er hat gesiegt
singen, er sang,
er hat gesungen
sitzen, er saß,
er hat gesessen
die Skizze, die Skizzen
skizzieren,
er skizzierte,
er hat skizziert
sofort
sogar
sollen, er sollte,
er hat gesollt
der Sommer,
die Sommer
die Sonne, die Sonnen
der Sonnenschirm,
die Sonnenschirme
der Sonntag,
die Sonntage
spannend,
spannender
der Spaß, die Späße
spät, später
spazieren,
er spazierte,
er ist spaziert
der Spaziergang
speisen, er speiste,
er hat gespeist

der Spiegel,
die Spiegel
spielen, er spielte,
er hat gespielt
spitz
die Spitze, die Spitzen
der Sport
sprechen,
er sprach, er hat
gesprochen
springen, er sprang,
er ist gesprungen
spuken, es spukte,
es hat gespukt
die Stadt, die Städte
der Stamm,
die Stämme
stark, stärker
stärken, er stärkte,
er hat gestärkt
die Station,
die Stationen
stecken, er steckte,
er hat gesteckt
stehen, er stand,
er hat gestanden
steil
der Stein, die Steine
stellen, er stellte,
er hat gestellt
der Stern, die Sterne
das Steuer, die Steuer
steuern, er steuer-
te, er hat gesteuert
der Stiefel, die Stiefel

der Stiel, die Stiele
stimmen, er stimmte, er hat gestimmt
der Stock, die Stöcke
der Stoff, die Stoffe
stolpern, er stolperte, er ist gestolpert
der Storch, die Störche
der Strand, die Strände
die Straße, die Straßen
der Strauß, die Sträuße
streicheln, er streichelte, er hat gestreichelt
der Streit
streiten, er stritt, er hat gestritten
der Strom, die Ströme
strömen, er strömte, er ist geströmt
der Strumpf, die Strümpfe
das Stück, die Stücke
der Stuhl, die Stühle
der Sturm, die Stürme
stürmisch
suchen, er suchte, er hat gesucht
die Suppe, die Suppen
süß
die Süßigkeit, die Süßigkeiten

T

der Tag, die Tage
täglich, tägliche
die Tanne, die Tannen
die Tante, die Tanten
tanzen, er tanzte, er hat getanzt
der Tänzer, die Tänzer
die Tänzerin, die Tänzerinnen
die Tasche, die Taschen
die Tasse, die Tassen
tatsächlich
tausend, tausende
das Taxi, die Taxis
der Tee, die Tees
die Technik, die Techniken
der Teddy, die Teddys
der Teller, die Teller
das Tennis
der Text, die Texte
das Theater, die Theater
tief
die Tiefe, die Tiefen
das Tier, die Tiere
der Tierpfleger, die Tierpfleger
die Tierpflegerin, die Tierpflegerinnen
der Tisch, die Tische
toben, er tobte, er hat getobt
toll
tragen, er trug, er hat getragen
die Träne, die Tränen
der Traum, die Träume
träumen, er träumte, er hat geträumt
treffen, er traf, er hat getroffen
treiben, er trieb, er hat getrieben
treu
trinken, er trank, er hat getrunken
trocken
trotzdem
der Turm, die Türme
turnen, er turnte, er hat geturnt
tuscheln, er tuschelte, er hat getuschelt

U

üben, er übte, er hat geübt
über
überall
übernehmen, er übernahm, er hat übernommen
überqueren, er überquerte, er hat überquert
das Ufer, die Ufer

die Uhr, die Uhren
umkehren,
er kehrte um,
er ist umgekehrt
und
ungefähr
ungefährlich,
ungefährliche
unglücklich,
unglückliche
unheimlich,
unheimliche
unternehmen,
er unternahm, er
hat unternommen
der Unterricht
unterrichten,
er unterrichtete,
er hat unterrichtet
der Urlaub, die Urlaube

V

die Vase, die Vasen
der Vater, die Väter
verbieten,
er verbot,
er hat verboten
verbrauchen,
er verbrauchte,
er hat verbraucht
verbrennen,
er verbrannte,
er hat verbrannt
die Verbrennung,
die Verbrennungen
der Verein, die Vereine
vereinen, er verein-
te, er hat vereint
verfassen,
er verfasste,
er hat verfasst
vergessen,
er vergaß,
er hat vergessen
der Verkäufer,
die Verkäufer
die Verkäuferin,
die Verkäuferinnen
verletzen,
er verletzte,
er hat verletzt
verlieren, er verlor,
er hat verloren
verpacken,
er verpackte,
er hat verpackt
die Verpackung, die
Verpackungen
verschmutzen,
er verschmutzte,
er hat verschmutzt
die Verschmutzung, die
Verschmutzungen
sich verspäten, er ver-
spätete sich, er hat
sich verspätet
sich verständigen,
er verständigte
sich, er hat sich
verständigt
verstecken,
er versteckte,
er hat versteckt
verstehen,
er verstand,
er hat verstanden
versuchen,
er versuchte,
er hat versucht
verteilen, er verteil-
te, er hat verteilt
viel
viele
vielleicht
vier
der Vogel, die Vögel
voll
vollständig
von
vorbei
vorfahren,
er fuhr vor,
er ist vorgefahren
die Vorfahrt
vorgehen,
er ging vor,
er ist vorgegangen
vormachen,
er machte vor,
er hat vorgemacht
vorsagen,
er sagte vor,
er hat vorgesagt
vorschreiben,
er schrieb vor, er

hat vorgeschrieben
die Vorsicht
vorsichtig,
vorsichtiger

W

wach
wachsen, er wuchs,
er ist gewachsen
wählen, er wählte,
er hat gewählt
die Wahl, die Wahlen
während
der Wald, die Wälder
warm, wärmer
warum
was
waschen, er wusch,
er hat gewaschen
das Wasser
die Watte
wechseln,
er wechselte,
er hat gewechselt
der Wecker, die Wecker
wehen, es wehte,
es hat geweht
weich
weinen, er weinte,
er hat geweint
weiß
weit, weiter
die Welle, die Wellen
die Welt, die Welten
wenden, er wende-
te, er hat gewendet
wenn
wer
werden, er wurde,
er ist geworden
das Wetter
wichtig, wichtiger
wie
wiegen, er wog,
er hat gewogen
die Wiese, die Wiesen
das Wiesel, die Wiesel
wild, wilder
der Wind, die Winde
winken, er winkte,
er hat gewinkt
winzig, winziger
wir
wissen, er wusste,
er hat gewusst
wo
wohnen, er wohnte,
er hat gewohnt
die Wolke, die Wolken
die Wolle
wollen, er wollte,
er hat gewollt
das Wort, die Wörter
wünschen,
er wünschte,
er hat gewünscht
der Wurm, die Würmer

Z

die Zahl, die Zahlen
zählen, er zählte,
er hat gezählt
der Zahn, die Zähne
der Zapfen, die Zapfen
zeichnen, er
zeichnete, er hat
gezeichnet
die Zeit, die Zeiten
die Zeitschrift,
die Zeitschriften
die Zeitung,
die Zeitungen
das Zelt, die Zelte
das Zeugnis,
die Zeugnisse
die Ziege, die Ziegen
ziehen, er zog,
er hat gezogen
das Ziel, die Ziele
zielen, er zielte,
er hat gezielt
ziemlich
das Zimmer,
die Zimmer
die Zitrone,
die Zitronen
die Zukunft
zukünftig
zulassen, er ließ zu,
er hat zugelassen
zuletzt
zurück
zurufen, er rief zu,
er hat zugerufen
zusammen

Leselexikon

Alraune Die Alraune ist die Wurzel eines Gewächses, das man vor allem im östlichen Mittelmeerraum findet. Sie ist stark giftig. Die Wurzel ähnelt wegen ihrer Verzweigungen einer menschlichen Gestalt. Darum gilt sie als Zaubermittel. Früher wurde die Pflanze auch Galgenmännchen, Erdmännchen oder Drachenpuppe genannt.

Argumente Argumente sind Punkte für (pro) oder gegen (kontra) eine Sache. Sie werden in Gesprächen und Diskussionen angeführt, um eine Meinung zu bekräftigen oder zu widerlegen.

Asseln Obwohl sie das Land bewohnen, gehören Asseln zu den Krebsen. Sie haben einen Panzer, sind flach und werden etwa 1 cm lang. Droht Gefahr, rollen sie sich zu einer Kugel zusammen. Asseln besitzen scharfe Mundwerkzeuge, mit denen sie Laub und totes Holz zerbeißen können. Dadurch steigern sie die Bodenfruchtbarkeit. Sie können aber auch starken landwirtschaftlichen Schaden anrichten.

Bohrinsel Eine Bohrinsel ist ein Ölbohrturm auf dem Meer. Der Turm steht nicht direkt auf dem Meeresboden sondern auf einer schwimmenden Plattform. Diese wird mit Wasserbehältern und Stahlseilen über der Bohrstelle gehalten. Von dem Turm führt zur Förderung von Erdöl ein langes Rohr bis tief in den Meeresboden.

Bucheckern Bucheckern sind die essbaren, sehr ölhaltigen, dreikantigen Früchte der Buche. Die Buche ist einer der häufigsten Laubbäume in Mitteleuropa. Es gibt sehr viele Arten. Die Rotbuche ist eine der bekanntesten.

Charakterzug Ein Charakterzug ist eine Eigenschaft oder ein Merkmal im Verhalten eines Menschen oder Tieres.
Jemanden, der anderen gern hilft, nennt man hilfsbereit. Hilfsbereitschaft zum Beispiel ist ein Charakterzug.

Computervirus Es gibt Computerprogramme, die nicht nützlich sind, sondern Schaden anrichten. Solch ein schädliches Computerprogramm nennt man Computervirus. Wie ein richtiger Virus bei Lebewesen nistet er sich auf Computern ein und verbreitet sich über Internet und E-Mail. Immer mehr Computer „stecken sich an". Sind Computerviren in einen Computer eingedrungen, sorgen sie dafür, dass Programme und Dateien beschädigt oder vernichtet werden.

Fabel Eine Fabel ist eine Erzählung, in der Tiere miteinander sprechen und handeln wie Menschen. Damit soll fehlerhaftes Verhalten der Menschen offengelegt werden. Der Leser soll aus der Fabel eine Lehre in Form einer Lebensweisheit ziehen.

Garantie Eine Garantie ist ein Versprechen. So wird zum Beispiel beim Kauf eines Radios dem Käufer versichert, dass das Gerät funktionstüchtig ist und es bei Beanstandungen entweder innerhalb von zwei Jahren zurückgegeben werden kann oder kostenlos repariert wird.

gelbes Trikot Der Radfahrer, der die Strecke in der kürzesten Zeit zurückgelegt hat, bekommt bei der Tour de France das gelbe Trikot. Das grüne Trikot erhält der Fahrer mit den meisten Punkten, das rot-weiße Trikot bekommt der beste Bergfahrer.
Das weiße Trikot gewinnt der beste Neueinsteiger.

Geographie Zu Geographie kann man auch Erdkunde sagen. Sie ist eine Wissenschaft, bei der Aussehen und Aufbau der Erde untersucht werden.

Gevatter Gevatter nannte man im 8. Jahrhundert den Taufpaten.
Im 15. Jahrhundert wurde der Begriff als vertrauliche Anrede für den Onkel oder einen guten Freund der Familie gebraucht. Heute ist der Begriff veraltet.

Glyzerin	Glyzerin ist eine dickflüssige, fettige Substanz, die vielen Stoffen als Zusatz beigegeben wird. Pures Glyzerin kann man in der Apotheke oder Drogerie als Mittel zur Hautpflege kaufen.
Hänfling	Hänflinge gehören zu den Finkenvögeln. Sie sind bräunlich. Die Männchen haben jedoch eine rote Stirn und Brust. Sie leben in Gruppen in Sträuchern und Hecken. Dort legen sie bis zu zweimal im Jahr ihre Eier ab. Sie leben von Unkrautsamen, Insekten und Spinnen.
Irrlicht	Ein Irrlicht ist eine Leuchterscheinung in sumpfigen Gegenden. Es besteht aus schwach schimmernden Flämmchen, die in geringer Höhe über dem Boden schweben. Sie entstehen durch die Selbstentzündung von Gasen über dem Moor. Im Aberglauben der Menschen deutete man Irrlichter als Geister, die Wanderer in die Moore locken wollten.
Knäuel	Das Wort „Knäuel" kommt von althochdeutsch „kliuwa" und heißt kugelförmige Masse. Man kennt es im Zusammenhang mit Wolle: Wollknäuel. Knäuel bedeutet soviel wie „Kugel" und etwas ineinander Verknotetes.
Kompott	Als Kompott bezeichnet man mit Zucker eingekochtes Obst, das noch deutlich erkennbare Fruchtstücke enthält. In manchen Gegenden Deutschlands wird jeder Nachtisch als Kompott bezeichnet.
Kornspeicher	Ein Speicher ist ein Lagerraum oder ein Haus für Vorräte. In einem Kornspeicher wird Getreide gelagert. Ein großes Problem waren früher die Mäuse, die nicht nur das Korn fraßen, sondern es auch verunreinigten. Deshalb hielt man sich schon im alten Ägypten Katzen, um die Vermehrung der Mäuse einzudämmen.
Leonardo da Vinci	Ein sehr wichtiger und berühmter Künstler und Erfinder Italiens war Leonardo da Vinci. Er lebte von 1452 bis 1519. Seine Fähigkeit, Lebewesen oder Dinge bis ins kleinste Detail

zeichnen zu können, ermöglichte ihm, von der Malerei zu leben. Er schuf Gemälde für Kirchen, aber auch für Privatleute. Außerdem beschäftigte Leonardo da Vinci sich mit dem menschlichen Körperbau und schuf viele Skizzen menschlicher Körperteile. Auch technische Vorgänge interessierten ihn sehr. Eine seiner berühmten Erfindungen ist ein Flugapparat. Bis heute sind neben der „Mona Lisa" Leonardo da Vincis Bilder und Skizzen technischer Apparate weltberühmt.

Lindenblüten Lindenblüten sind die Blüten des Lindenbaums. Sie dienen als Heilmittel bei Erkältungskrankheiten, Fieber und Grippe. Die Blüten duften sehr süß und werden im Juni gesammelt. Die Krone der Linden wird sehr groß. Früher pflanzte man sie deshalb gern auf Versammlungsplätzen.

Lokales Lokal kommt aus dem Lateinischen und bedeutet örtlich. Im Lokalteil einer Zeitung findet man deshalb die Nachrichten aus den Orten, in denen die Zeitung gelesen wird. Diesen Lokalteil nennt man oft Lokales.

Mauser Als Mauser bezeichnet man den Wechsel des Federkleides bei Vögeln. Dies geschieht in der Regel nach der Brutzeit im Frühjahr, um die ausgefallenen Federn nachwachsen zu lassen, oder in Folge einer Krankheit.

Mikroskop Ein Mikroskop ist ein Gerät, mit dem man sehr kleine Dinge durch Lupen stark vergrößert betrachten kann. So werden oftmals Sachen sichtbar, die man mit dem bloßen Auge nicht sehen kann, wie zum Beispiel Bakterien.

naive Malerei Die naive Malerei wird auch als Kunst der „Sonntagsmaler" bezeichnet. Die Maler haben oft keine Kunstausbildung und üben die Malerei meist neben ihrem Beruf aus. In einfachen und kindlich wirkenden Bildern wird eine heile Welt gezeigt, in der Tier, Mensch und Natur in Eintracht leben. Bedeutendster Vertreter der naiven Malerei ist Henri Rousseau.

Pinguin Pinguine gehören zu den Meeresvögeln. Sie können zwar nicht fliegen, aber dafür gut schwimmen und tauchen. Sie leben in den kalten bis mäßig warmen Gebieten auf der südlichen Halbkugel der Erde. Sie fressen Fische und andere Meerestiere. Mit 1,20 m ist der Kaiserpinguin der größte seiner Art.

Presseagentur In Presseagenturen werden Meldungen über aktuelle Ereignisse aus der ganzen Welt gesammelt. Aus diesen Meldungen werden dann Nachrichten verfasst und an Zeitungen, Radio- oder Fernsehsender weiterverkauft. Man nennt die Presseagenturen auch Nachrichtenagenturen.

Prospekt Ein Prospekt ist ein Werbeheftchen oder eine Werbezeitschrift. Damit will man auf etwas aufmerksam machen. In einem Prospekt stehen Informationen, die die Leute zu etwas anregen sollen, zum Beispiel etwas Bestimmtes zu kaufen oder zu einem bestimmten Ereignis zu gehen.

Pröll Besonders in Sumpflandschaften wachsen Gräser und Pflanzen über Stellen, in denen sich altes Wasser befindet, das nicht abfließen kann. Mit der Zeit wird die Schicht aus Pflanzen über dem Wasser stabiler, und man kann darüber gehen, ohne zu versinken. Aber wegen des Wassers unter dem Bewuchs schwankt der Boden unter den Füßen. Einen solchen schwankenden Boden nennt man in Nordbayern Pröll.

Rolle In einer Geschichte spielen verschiedene Personen, Tiere und manchmal auch Gegenstände mit. Sie werden im Theater oder Film von Schauspielerinnen und Schauspielern verkörpert. Diese spielen dann ihre Rollen.

Sasse Eine Sasse ist eine Vertiefung in der Erde, die sich Hasen graben, um darin vor Wind und Kälte geschützt zu ruhen. Hasen wählen sie so, dass sie die ganze Umgebung überblicken können. Oft werden Sassen deshalb im freien Feld angelegt. Hasen benutzen ihre Sassen nie dauerhaft. Kaninchen bauen sich, im Gegensatz zu Hasen, Höhlen unter der Erde.

Scheuer Scheuer ist ein anderes Wort für Scheune. Das ist ein Gebäude, in dem ursprünglich Heu, also getrocknetes Gras, gelagert wurde. Später wurden in der Scheune auch Geräte für die Garten- und Feldarbeit untergebracht.
Unter Scheuer versteht man manchmal auch ein altes, baufälliges Haus.

Schlagzeile Um die Leser für den Kauf einer Zeitung zu interessieren, versuchen die Zeitungsmacher, die Überschrift für den wichtigsten Artikel auf der ersten Seite ihrer Zeitung besonders schlagkräftig zu formulieren. Diese Überschrift nennt man daher Schlagzeile. Sie ist in einer auffälligen Schrift gedruckt und so kurz aber so genau wie möglich formuliert. In den meisten Zeitungen findet man gleich unter der Schlagzeile ein Foto.

Schnippchen schlagen Jemandem ein Schnippchen schlagen bedeutet, die Absichten eines anderen zu durchkreuzen.

Stil Jeder Mensch schreibt, malt, singt, spricht oder bewegt sich in einer ganz besonderen Art und Weise. Die Eigenart, die das Handeln jedes Menschen auszeichnet, nennt man Stil.
In der Kunst spricht man von verschiedenen Stilrichtungen, wenn z.B. Maler einer bestimmten Zeit in ähnlicher Art und Weise malten, Komponisten Musik komponierten, die ähnlich klang oder Baumeister Kirchen, Paläste und andere Gebäude bauten, die sich ähnelten.

Quellen- und Bildnachweis

S. 18/19: Pressler, Mirjam: Nickel bekämpft die Angst. Aus: Pressler, Mirjam: Nickel Vogelpfeifer. Beltz Verlag, Weinheim und Basel 1986.
S. 20/21: Fuchs, Ursula: So stachelig wie ein Kaktus. Aus: Portmann, Rosemarie (Hrsg.): Mut tut gut. Arena Verlag, Würzburg 1994.
S. 21: Kloos, Camilla: Saugrantig. Originalbeitrag.
S. 22: Härtling, Peter: Wie Bernd und Frieder miteinander reden. Aus: Härtling, Peter: Der Traumschrank. Luchterhand Verlag, Darmstadt, Neuwied 1976.
S. 23: Ebert, Andreas (Text und Musik): Kindermutmach-Lied. © Hänssler-Verlag, Holzgerlingen.
S. 24/25: Trautmann, Sabine: Freundschaftsspiele. Originalbeiträge.
S. 26/27: Maar, Paul: Das Sams in der Schule. Aus: Maar, Paul: Eine Woche voller Samstage. Verlag Friedrich Oetinger, Hamburg 1973.
S. 48/49: Wölfel, Ursula: Hannes fehlt. Aus: Wölfel, Ursula: Die grauen und die grünen Felder. Anrich Verlag, Neunkirchen/Odenwald 1970.
S. 50/51: Ruck-Pauquèt, Gina: Pippa. Aus: Litten, Margot (Hrsg.): Leselöwen-Betthupferlbuch. Loewe
Verlag, Bayreuth 1984.
S. 51: Ferra-Mikura, Vera: Der Papierdrachen. Aus: Ferra-Mikura, Vera: Lustig singt die Regentonne. Verlag Jungbrunnen, Wien 1965.
S. 52/53: Sutejew, Wladimir: Unter dem Pilz. Aus: Sutejew, Wladimir: Lustige Geschichten. Verlag Progress, Moskau o. J.
S. 54–56: Lionni, Leo: Frederick. Middelhauve Verlag, Köln 1983.
S. 57: Trautmann, Sabine: Feldmäuse. Originalbeitrag.
S. 78: Guggenmos, Josef: Die Seifenblase. Aus: Guggenmos, Josef: Oh, Verzeihung, sagte die Ameise. Beltz Verlag, Weinheim und Basel 1993.
S. 78: Häusler, Yvonne: So machst du Seifenblasen. Originalbeitrag.
S. 79: Barthel, Max: Muscheln. Aus: Gelberg, H. J. (Hrsg.): Überall und neben dir. Beltz Verlag, Weinheim und Basel 1986.
S. 80–83: Boie, Kirsten: Verflixt, ein Nix. (Auszug) Oetinger Verlag, Hamburg 2003.
S. 84/85: Preussler, Otfried: Führen Sie Besen? Aus: Preussler, Otfried: Die kleine Hexe. Thienemann Verlag, Stuttgart 1957.
S. 86: Die Sage vom Herzpröll. Volksgut.
S. 87: Reis, Alois: Der Bauer im Herzpröll.
S. 89: Schimmler, Ute: Wellensittiche. Originalbeitrag.
S. 108/109: Die Geschichte der Zeitung. Aus: Löwenzahn Kinderlexikon. Axel Juncker Verlag, München 2000.
S. 110: Guggenmos, Josef: Das große, kecke Zeitungsblatt. Aus: Guggenmos, Josef: Oh, Verzeihung, sagte die Ameise. Beltz Verlag, Weinheim und Basel 1993.
S. 111: Häusler, Yvonne: Micky Maus in aller Welt. Originalbeitrag.
S. 112/113: Brender, Irmela: Frau Quan schreibt Briefe. Aus: Brender, Irmela: War mal ein Lama in Alabama. Oetinger Verlag, Hamburg 2001.
S. 114–117: Mebs, Gudrun: Fernsehen. Aus: Mebs, Gudrun: Oma und Frieder, jetzt schreien sie wieder. Verlag Sauerländer, Frankfurt am Main 1993.
S. 133: In mein Vadern sein Häuserl. Text: Ludwig Schuster, Musik: überliefert.
S. 137: Ein Mann namens Koiranos. Volksgut.
S. 138/139: King-Smith, Dick/Jeram, Anita: Mama Anna. Aus: King-Smith, Dick/Jeram, Anita: Tierisch gute Freunde. Verlag Sauerländer, Arau, Frankfurt/Main, Salzburg 1997.
S. 140/141: Janosch: Geschenk für den Vogel. Aus: Janosch: Das große Janosch-Buch. Geschichten und Bilder. Beltz Verlag, Weinheim und Basel 1991.
S. 142: Aesop: Rabe und Pfauen. Aus: Mc Clintock, Barbara: Von schlauen Füchsen und fremden Federn. Coppenrath Verlag, Münster 1993.
S. 143: Aesop: Der Adler und der Rabe. Aus: TU WAS! Raben-Spiel- und Spaßbuch. Ein Dominobuch. 1999.
S. 144: Puth, Klaus: Der Wolf und die sieben Geißlein. Aus: Puth, Klaus: Grimmige Märchen. Scherz Verlag, Bern, München, Wien 1997.
S. 145: Yannick: Die Welt der veränderten Märchen. Schülerbeitrag.
S. 146–147: Landa, Norbert: Der Junge, der auf dem Delfin ritt. Aus: Landa, Norbert: Leselöwen Delfingeschichten. Loewe Verlag, Bindlach 2000.
S. 147: Schlosser, Sabine: Der Delfin. Originalbeitrag.
S. 150: Witze. Volksgut.
S. 165: Mit Sprache spielen. Volksgut.
S. 166/167: Schimmler, Ute: Henri Rousseau. Originalbeitrag.
S. 168/169: Langen, Annette (Text)/Droop, Constanza (Illustration): Briefe von Felix. Ein kleiner Hase auf Weltreise. Coppenrath Verlag, Münster 1994.
S. 172/173: Saint-Exupéry, Antoine de: Der kleine Prinz (Auszug). Wilhelm Heyne Verlag, München 1989.
S. 173: Schimmler, Ute: Der Schriftsteller. Originalbeitrag.
S. 179: Zeuch, Christa (Text und Musik): Das Jahr ist wie ein Buch. Aus: Lisa Lolle Lachmusik. 2003 by Arena Verlag GmbH, Würzburg.
S. 180: Herbst. Schülerbeispiele.

S. 181: Morgenstern, Christian: Schnupfenzeit. Aus: Morgenstern, Christian: Alle Galgenlieder. Gustav Kiepenhauer Verlag, Leipzig, Weimar 1981.

S. 181: Hock-Schatz, Angela: Warum bekommen wir Schnupfen? Originalbeitrag.

S. 182/183: Marder, Eva: Der kleine Straßenkehrer und die Blätter. Aus: Ravensburger Kinderjahr. Ravensburger Verlag Otto Maier, Ravensburg 1992.

S. 183: Fallersleben, Heinrich Hoffmann von: Erntedank. Aus: Kinderzeit im Festtagskleid. Herder Verlag, Freiburg, Basel, Wien 1993.

S. 184: Kloos, Camilla: Kirchweih. Originalbeitrag.

S. 185: Krüss, James: Das Feuer. Aus: Krüss, James (Hrsg.): Der wohltemperierte Leierkasten. 12 x 12 Gedichte für Kinder, Eltern und andere Leute. C. Bertelsmann Verlag, München 1989.

S. 186–188: Kloos, Camilla: Theresa und Florian spielen Nikolaus. Originalbeitrag.

S. 189: Vahle, Frederik: Das Gewicht der Schneeflocke. Aus: Weihnachtsgrüße. Middelhauve Verlag, Köln 1986.

S. 190/191: Trautmann, Sabine: Weihnachten und Zuckerfest. Originalbeitrag.

S. 192/193: Bolliger, Max: Eine Wintergeschichte. Aus: Bolliger, Max: Wintergeschichten. Artemis Verlag, Zürich 1976.

S. 194: Kloos, Camilla: Neujahransingen. Originalbeitrag.

S. 194: A gsunds neis Joahr. Volksgut.

S. 195–197: Grund, Josef Carl: Der Faschingskönig. Aus: Schaller, Horts (Hrsg.): Ein Hund auf dem Dach. Hoch-Verlag, Düsseldorf 1975.

S. 198: Busta, Christine: Die Frühlingssonne. Aus: Walter, Ilse (Hrsg.): Das Jahreszeitenreimebuch. Herder Verlag, Freiburg, Wien 1992.

S. 199: Scheffler, Ursel: Flunkerfranz. Aus: Scheffler, Ursel: Leselöwen Ostergeschichten. Loewe Verlag, Bindlach 2001.

S. 200: Hock-Schatz, Angela: Rund ums Ei. Originalbeitrag.

S. 201: Janosch: Das Liebesbrief-Ei. Aus: Gelberg, Hans-Joachim (Hrsg.): Überall und neben dir. Beltz Verlag, Weinheim und Basel 1986.

S. 202: Hofbauer, Friedl: Was ist eine Wiese? Aus: Bydlinski, Georg (Hrsg.): Der Wünschelbaum. Herder Verlag, Freiburg, Wien 1984.

S. 203: Hock-Schatz, Angela: Der Seerosenteich. Originalbeitrag.

S. 204: Mai, Manfred: Noch einmal von vorne. Aus: Die 100 besten 1, 2, 3 – Minutengeschichten. Maier Ravensburg, Ravensburg 2003.

S. 205: Halbey, Hans Adolf: Urlaubsfahrt. Aus: Halbey, Hans Adolf: Es wollt ein Tänzer auf dem Seil den Seiltanz tanzen eine Weil. Kinderbuchverlag Luzern (Sauerländer AG), Aarau/Schweiz 1977.

Bildnachweis

S. 4: Junge mit Hund: © Bildagentur Mauritius, Mittenwald.

S. 5: Kinderporträts: © Bildagentur Mauritius; Helga Lade Fotoagentur; Klett-Archiv, Groß, Peggy, Leipzig.

S. 7: Gitarre: Getty Images PhotoDisc, Hamburg. Klanghölzer: Getty Images PhotoDisc, Hamburg.

S. 7: Trommel: MEV, Augsburg.

S. 25: Freundschaftsband: © Lemme, Berlin.

S. 26: Abbildung aus: Paul Maar. Das Sams. Verlag Friedrich Oetinger, Hamburg.

S. 27: Cover: Paul Maar. Das Sams. Verlag Friedrich Oetinger, Hamburg.

S. 41: Cover: Zeitschrift „mach mit“. Velber im OZ Verlag, Seelze.

S. 41: Cover: Zeitschrift „Medizini“. Wort & Bild Verlag, Baierbrunn.

S. 41: Cover: Zeitschrift „Tu was!“ Domino Verlag Günter Binek GmbH, München.

S. 42: Hase: Reinhard-Tierfoto, Heiligkreuzsteinach.

S. 42: Ameise: © Okapia, Frankfurt.

S. 42: Hirsch: © Okapia, Frankfurt.

S. 47: Eichhörnchen: Tier- und Naturfotografie Sohns, Ellerstadt.

S. 47: Siebenschläfer: Reinhard-Tierfoto, Heiligkreuzsteinach.

S. 51: Drache: Creativ Collection Verlag GmbH, Freiburg.

S. 56: Papiermäuse: Klett-Archiv, Trautmann, S., Berlin.

S. 57: Feldmäuse mit Gang: Naturfotografie Frank Hecker, Panten-Hammer.

S. 57: Feldmäuse auf Gräsern: Reinhard-Tierfoto, Heiligkreuzsteinach.

S. 57: Feldmäuse (Mitte): Silvestris, Dießen.

S. 57: Cover: Flinke Mäuse. Mit freundlicher Genehmigung des Kosmos Verlags, Stuttgart © Steinkamp.

S. 65: Muschel: Conrad Höllerer, Stuttgart.

S. 65: Seestern: MEV, Augsburg.

S. 66: Mädchen mit Seifenblasen: f1 online digitale Bildagentur, Frankfurt.

S. 67: Junge mit Seifenblasen: © Corbis (Peter Steiner), Düsseldorf.

S. 68: Muscheln: Conrad Höllerer, Stuttgart.

S. 68: Seestern: MEV, Augsburg.

S. 69: Mädchen mit Muschel: © Corbis (FK PHOTO), Düsseldorf.

S. 83: Cover: Kirsten Boie. Verflixt ein Nix. Oetinger Verlag, Hamburg 2003.
S. 84/85: Abbildungen aus: Die kleine Hexe. Thienemann Verlag, Stuttgart.
S. 94: Abb.: Polarlichter; www.geolino.de;
S. 94: Abb.: Straßenkinder; www.geolino.de.
S. 94: Abb.: Häuptlingstochter; www.geolino.de.
S. 94: Abb.: Dachs; Medizini, Wort- und Bildverlag, Baierbrunn bei München.
S. 94: Abb.: „Und nach dem Abschalten . . . Umblättern"; www.geolino.de.
S. 94: Titelbild: Geolino; www.geolino.de.
S. 94: Abb.: „Gigant Gemüse"; Medizini, Wort- und Bildverlag, Baierbrunn bei München.
S. 94: Abb.: „Vampire"; www.geolino.de.
S. 94: Abb.: "Schopfmakaken"; www.geolino.de.
S. 94: Krötenauffangstelle; Keystone, Hamburg.
S. 94: Abb.: „Aus Klein mach Gross"; www.geolino.de.
S. 107: Tierfilm: Corel Corporation, Unterschleissheim.
S. 107: Tagesthemen: Argus|(Thomas Raupach), Hamburg.
S. 107: Quizsendung: Picture-Alliance (Abc Television Netwo), Frankfurt.
S. 108: Druckerpresse: Gutenberg-Museum, Mainz.
S. 109: Zeitungsverlag:Ostkreuz (Annette Hauschild), Berlin.
S. 111: Micky Maus: Disney, München.
S. 111: Micky Maus: Disney, München.
S. 111: Micky Maus: Disney, München.
S. 111: Micky Maus: Disney, München.
S. 117: Cover: Gudrun Mebs, Oma und Frieder. Jetzt schreien sie wieder © Patmos Verlag GmbH & Co. KG, Düsseldorf. Sauerländer Verlag, Düsseldorf.
S. 124: Rotfuchs: © Okapia, Frankfurt
S. 124: Hirsch: Steffi Kassler, Leipzig.
S. 131: Elster: © Okapia (Irmtraut Friz), Frankfurt.
S. 136: Tierschutzplakat: Greenpeace, Hamburg.
S. 137: Wal: Picture-Alliance (Paul A. Sutherland/OKAPIA), Frankfurt.
S. 137: Delfin: Wildlife (A. Mertiny), Hamburg.
S. 138/139: Illustrationen Dackel: Aus: Dick King Smith, Anita Jeram. Tierisch gute Freunde. Verlag Sauerländer, Oberentfelden/Switzerland.
S. 139: Comic: Charles M. Schulz. Snoopy und die Peanuts: 24. Buch: Land in Sicht. Wolfgang-Krüger-Verlag, Frankfurt/Main, 1995.
S. 141: Cover: Das große Janosch Buch. Beltz & Gelberg, Weinheim.
S. 144: Cover: Klaus Puth. Grimmige Märchen. Scherz Verlag, Frankfurt.
S. 147: Delfin: Reinhard-Tierfoto, Heiligkreuzsteinach.
S. 152: Bretagne: © Corbis (Hubert Stadler), Düsseldorf
S. 152: Paris, Eiffelturm: Getty Images RF (RF), München.
S. 152: Lavendelfeld: Corel Corporation (RF), Ottawa, Ontario.
S. 152: Schloss an der Loire: Mauritius, Mittenwald.
S. 152: Camarguepferde: f1 online digitale Bildagentur (Werner Dietrich), Frankfurt/Main.
S. 155: Straßenmaler in Paris an der Seine: © Corbis (Catherine Karnow), Düsseldorf.
S. 158: Wasserschloss: © Corbis Digital Stock (RF), London.
S. 159: Mona Lisa: Picture-Alliance (akg-images), Frankfurt.
S. 160: Eiffelturm Paris: Kessler-Medien, Saarbrücken.
S. 161: Französische Atlantikküste: Corbis (Jean Guichard), Düsseldorf.
S. 162: Tour de France: Picture-Alliance, Frankfurt.
S. 166: Porträt: Henri Rousseau: © Corbis (Edimédia), Düsseldorf.
S. 167: Henri Rousseau: Überrascht. National Gallery Collection; By kind permission of the Trustees of the N.
S. 168: Briefe von Felix: Ein Brief aus Paris. Annette Langen und Constanza Droop. Briefe von Felix. Copyright 1994 Coppenrath Verlag, Münster, Germany.
S. 168/169: Innenabbildungen aus: Briefe von Felix. Copyright 1994 Coppenrath Verlag, Münster, Germany.
S. 170/171: Comic: Asterix und Obelix – Tour de France. Aus : Goscinny/Uderzo: Großer Asterix-Band VI. Delta Verlag, Stuttgart 1987. Copyright 2003 Les Éditions Albert Rene/Goscinny-Uderzo.
S. 172: Abbildung aus: Antoine de Saint-Exupéry. Der kleine Prinz. Verlag Volk und Welt, Berlin 1989.
S. 173: Porträt: Antoine de Saint-Exupéry. © AKG, Berlin.
S. 181: Teeglas: MEV, Augsburg.
S. 183: Erntedankaltar: Landesmedienzentrum Baden-Württemberg, Stuttgart.
S. 200/201: Ostereier: © Lemme, Berlin.
S. 202: Sommerwiese: Corel Corporation, Unterschleißheim.
S. 203: Claude Monet. Der Seerosenteich. AKG (Erich Lessing), Berlin.

In wenigen Fällen ist es trotz umfangreicher Bemühungen nicht gelungen, die Rechteinhaber von Textbeiträgen ausfindig zu machen. Der Verlag ist hier für entsprechende Hinweise dankbar. Berechtigte Ansprüche werden selbstverständlich im Rahmen der üblichen Vereinbarungen abgegolten.